GABRIEL RINGLET

L'ÉVANGILE D'UN LIBRE PENSEUR

Dieu serait-il laïque ?

Albin Michel

Albin Michel
▪ *Spiritualités* ▪

Collections dirigées
par Jean Mouttapa et Marc de Smedt

Première édition :

Édition au format de poche :

22, rue Huyghens, 75014 Paris

www.albin-michel.fr

ISBN 2-226-13421-2
ISSN 1147-3762

A mon université,
engagée, elle aussi,
sur les chemins de la libre pensée.

Le monde n'a de sens qu'au pluriel — comme l'amour.

Jean-Claude RENARD

C'est en profondeur seulement que les distances se raccourcissent.

Paul RICŒUR

On peut penser libre et être chrétien.

Jean SULIVAN

INVITATION

Autant vous le dire tout de suite : je ne suis pas un converti. Il n'y a pas eu d'éclair sur mon chemin, ni de pilier de Notre-Dame. Pas même un léger tremblement de terre. Désolé, vraiment ! Je n'ai jamais vu Dieu que de dos. Et encore... Mais un jour, j'ai rencontré des poètes, des romanciers, et j'ai compris que le dos de Dieu était beau à voir. L'ordinaire m'a paru plus que fréquentable et j'ai su qu'une parole ne me quitterait plus. J'en suis encore tout retourné. Car ça continue. Si je dois aborder une question difficile, préparer un discours, affronter une délicate situation d'actualité... je consulte d'abord un créateur d'imaginaire.

Je venais de terminer mes études secondaires. Sachant ma passion pour les livres et pour la presse écrite, la radio aussi, mes parents m'avaient inscrit dans une école de journalisme, lorsque je leur annonce mon intention de m'orienter vers le sacerdoce. Me voilà donc au séminaire. Quinze jours plus tard, les responsables du diocèse m'envoient à l'université pour y étudier la philologie romane. Le plus étonnant, c'est qu'au fil du temps, les lettres françaises, la théologie, l'hébreu, et surtout l'exégèse biblique vont de plus en plus me rapprocher du journalisme, et le sacerdoce de l'écriture.

J'avais beaucoup reçu. Mes études m'avaient passionné. Il me restait à m'alléger. Vingt ans de chroniques religieuses dans un quotidien populaire et laïque vont m'apprendre à ne pas mépriser la « sensation », à aimer le fait divers, à fréquenter de près l'altérité et à comprendre que le mot « pastorale » n'était pas compris des lecteurs…

Aujourd'hui, à l'université, je rends grâce d'avoir toujours vécu à la frontière : entre l'Évangile et l'actualité, entre la recherche théorique et la vulgarisation scientifique, entre le sacerdoce et l'imaginaire, entre le christianisme et la laïcité.

Voilà donc le terreau dans lequel *L'Évangile d'un libre penseur* a poussé. Lorsque le titre m'en a été suggéré, j'ai spontanément acquiescé. Je le sentais juste. Il disait bien mon itinéraire. Mais au fil des semaines, une sorte de frayeur m'a saisi. N'était-il pas trop provocateur dans sa double lecture ? Et trop prétentieux surtout ? La liberté est une œuvre d'art, de la belle ouvrage à remettre chaque jour sur le métier. Qui peut vraiment se proclamer libre, même en pensée ! Pourtant, avec le recul, ces deux mots — *Évangile* et *libre pensée* — me paraissaient devoir se rejoindre, comme de proches parents trop longtemps séparés. Car je les trouve vraiment unis d'amitié et je ne sais (ou ne sais que trop bien !) quelle douloureuse histoire s'acharne à les dresser l'un contre l'autre pour en faire des ennemis. Alors que l'un et l'autre encouragent l'homme à partir au large et à mieux respirer. Permettez-moi donc de vous les offrir, ces deux mots-là, car je crois vraiment, oui, sans le moindre esprit de récupération, que la libre pensée est une bonne nouvelle, comme je pense que l'Évangile appelle à la liberté.

Depuis plusieurs années, je suis souvent invité à débattre. Dans le monde chrétien mais aussi en milieu laïque. Et je trouve le moment venu de franchir un pas supplémentaire, d'élargir la discussion, d'encourager une plus large confrontation et de lever, peut-être, quelques malentendus. Ce livre espère y aider. Il veut jeter des ponts, stimuler la traversée : que des chrétiens osent aller plus avant en terre laïque ; que des laïques osent s'aventurer plus fermement en terre évangélique. Derrière les mots trop usés, les expériences sont parfois plus proches qu'on ne l'imagine. Il faut pouvoir rencontrer l'homme au-delà de l'homme et Dieu au-delà de Dieu.

Cet appel, je ne le lance pas à la marge mais au cœur de mon institution. Prêtre depuis vingt-huit ans et depuis dix ans vice-recteur dans une université catholique, c'est bien *de là* que je parle, en sachant les contraintes, en mesurant les limites, mais en affirmant aussi la nécessité vitale d'accueillir le déplacement qui vient. Car j'en suis convaincu : il est temps de rapprocher les libres penseurs et les libres croyants.

OUVERTURE

LES DEUX BREBIS PERDUES

UN VERTIGE

A l'époque du Nouveau Testament circulaient à Jérusalem des listes de « métiers de voleurs ». Et sur ces listes-là — on en a relevé au moins quatre principales — les bergers apparaissent deux fois à côté des âniers, chameliers, barbiers, bouchers, boutiquiers, tanneurs, blanchisseurs, colporteurs, collecteurs d'impôts et autres médecins… Je n'ose pas poursuivre l'énumération car certains lecteurs pourraient me demander des comptes à la sortie du livre ! Je ne résiste pourtant pas à la tentation de préciser encore qu'au rang des métiers méprisés figuraient également les maîtres baigneurs, les joueurs de dés et les organisateurs de concours de pigeons…

Dans ce contexte, il fallait un certain courage à rabbi Jésus pour défendre les bergers comme il l'a fait. Et par de bons arguments. C'est qu'en effet la tradition est avec lui et il ne doit pas chercher loin, chez les prophètes ou dans la littérature orientale, pour mettre en lumière le thème du bon berger. En ouvrant Ézéchiel au chapitre 34, il a même dû trouver de quoi inspirer sa belle histoire de brebis perdue.

Seulement voilà. Depuis que des chercheurs écossais ont cloné une brebis adulte, elles ne sont plus une mais deux à s'être éloignées du troupeau. Du coup, je suppose que dans les prochaines éditions de la Bible, la parabole commencera désormais par ces mots : « Lequel d'entre vous, s'il a deux cents brebis et qu'il en perde deux, ne laisse pas les cent quatre-vingt-dix-huit autres dans le désert pour aller à la recherche des deux qui se sont perdues ? » (Luc 15, 4).

Notre patrimoine génétique est comme un grand livre et le temps arrive où chacun va connaître chaque lettre de chaque mot. Ainsi, on aura tous son « code-barres » personnel, et la médecine dite *prédictive* pourra, dès avant la naissance, évaluer le risque de sclérose en plaques, d'arthrite, de diabète, mais informer aussi des caractéristiques mentales, intellectuelles ou psychologiques du futur bébé… Nos connaissances augmentent à une vitesse vertigineuse et, face à cela, notre capacité de décision reste très limitée. La vraie question morale, aujourd'hui, porte plus sur le *savoir* que sur le *faire*. Que faire de notre savoir ? Que transmettre de ce que l'on sait ? Hier, un paysan remettait à ses enfants une terre et des pierres, avec charge de préserver l'héritage, voire de l'agrandir. Demain — un demain déjà là ! — le vrai patrimoine sera de plus en plus « immatériel et symbolique, éthique, écologique et génétique », insiste Jérôme Bindé, et « si nous n'agissons pas à temps, nos enfants n'auront pas le temps d'agir du tout [1] ».

Il ne s'agit pas d'arrêter la recherche. Quelle loi, d'ailleurs, pourrait limiter le savoir ? Mais comme le directeur général de l'Unesco, Federico Mayor, je suis convaincu que « plus une voiture roule vite et plus ses phares doivent porter loin ».

Je repense à Dolly et à l'histoire des deux brebis perdues. La jolie Dolly, née en février 1997 à l'issue de 277 transferts d'embryons ! Dolly, fille et sœur de sa mère… Et je me demande si je ne vais pas devoir modifier une nouvelle fois le récit de la parabole, le jour où ce cher bon pasteur sera cloné à son tour…

La culture, l'éthique, la politique et donc, finalement, la démocratie seront-elles assez fortes pour s'opposer, très vite, à d'éventuelles mafias du clonage ? Il le faut, car c'est le projet même de l'humanité qui est en cause. Une société ne reste humaine et vivante que dans l'accueil de la différence. Là où règne l'identique, la dictature, la violence et le chaos ne sont jamais loin. Le « vertige du double », selon la forte expression de Dominique Quinio, nous fait entrer de plain-pied dans la crise des limites et interroge cette conviction fondamentale selon laquelle chaque homme est unique.

Cette aspiration à reconnaître en soi plus grand que soi, j'ai le sentiment qu'elle s'exprime pleinement en ce moment. J'ose à peine l'appeler « spirituelle », car je mesure l'ambiguïté du mot, son risque de complaisance et sa connotation trop strictement religieuse. Je veux dire quelque chose de plus large, comme une soif d'« au-delà », comme une revendication de « transcendance », comme une demande de « transfiguration » qui dépasse, et de loin, les clivages bien trop rigides par lesquels on veut souvent séparer croyants et non-croyants, religions et laïcités.

C'est la guerre, et nous le savons bien. Une guerre silencieuse, invisible, aseptisée. Une guerre où l'imaginaire lui-même a été converti en marchandise. Une guerre qui, rien qu'en Europe, laisse des millions et des millions de personnes en souffrance. Et je l'entends d'abord au sens premier du terme. Une guerre conduite par des pouvoirs sans visage et une économie anonyme. « On n'en est pas encore à juger les écoles d'après les revenus des anciens élèves, écrit Maurice Bellet, ou la pensée d'un philosophe d'après le tirage de ses bouquins ou son audimat à la télé, mais, courage, on approche[2]. » Cette société du « tout économique », soyons clair, n'attend rien du christianisme. Elle n'attend rien de la laïcité. Elle est complexe et pragmatique. Elle avance. Son équilibre est celui de la marche. « S'arrêter, c'est tomber. » Oui, je sais, on s'indigne ! On appelle même l'éthique à son secours pour indiquer les limites à ne pas dépasser. Mais l'éthique ne peut rien, ou si peu, quand elle ne va pas jusqu'au bout, je veux dire jusqu'au « sacré », jusqu'à la manière même d'exister. Quand elle ne va pas jusqu'à exiger, et sans concession, le respect du plus fragile, du plus faible dans l'humain. C'est bien en cela qu'il faut parler de spirituel et en quoi la « Marche blanche » du 20 octobre 1996 à Bruxelles, même oubliée, même rejetée, reste et restera d'actualité. En cela que malgré le découragement, la morosité, voire quelquefois la désespérance, des hommes et des femmes, très différents, ont décidé de « s'arrêter » et de faire un écart. Cet écart-là, il ne faut pas en sous-estimer la portée. Car par-delà l'émotion, et malgré les tâtonnements ou les ambiguïtés, il affirme le terrible besoin de ce que j'appelle une « parole ». Le romancier Jean Sulivan va jusqu'à dire un « poème », si on veut bien entendre par là, non pas de la poésie, mais un souffle, une orientation, un rêve, un réveil, un mythe… bref, un viatique indispensable à l'heure de la traversée. Car nous sommes embarqués, répète Bellet. « Et si nous ne sommes pas capables d'insuffler à l'Europe, au monde, de quoi passer par-delà l'heure présente, d'autres y veilleront. L'intégrisme aux divers visages, même de science, ou sous ses oripeaux religieux, se chargera de prendre la place que vous déclarez vaine ou impossible[3]. »

Et, de fait, cette « parole »-là, aujourd'hui, beaucoup, et pas seulement les plus paumés, la cherchent — faut-il vraiment le leur reprocher ? — sur des chemins de fuite et de traverse.

DEUX TROP-PLEINS

N'avez-vous pas le sentiment que nous nous trouvons en ce moment à la frontière entre deux trop-pleins : un trop-plein d'absolu et un trop-plein de relatif ?

Pourquoi cette violence ? Pas seulement économique ou politique, mais religieuse. Et pas uniquement « au loin », en Afrique, au Proche-Orient, au Cachemire, mais ici, tout près, maintenant : l'homme tue au nom de Dieu. Il est trop simple de s'en tirer par des explications de nature socio-politique ou historique. Bien sûr que cela joue et que l'exclusion, la répression, le colonialisme appellent la violence. Mais Dieu ? Que vient-il faire là-dedans ? Serait-il, lui aussi, fanatique ? Dieu, peut-être pas… mais l'idée de Dieu, mais les mots sur Dieu, mais le discours à propos de Dieu, oui, il arrive qu'ils assassinent. Tant il est vrai, remarque le professeur Gesché, qu'« il y a en chacun de nous un dieu sombre de l'abîme qui cache une violence archaïque, préhistorique et qu'il faut vaincre comme l'antique dragon (...). Car la religion peut ensemencer l'épouvante dans l'inconscient des hommes et c'est faire œuvre théologique de libération que d'exorciser cette peur et de faire, comme Job, la guerre à un Dieu qu'il voit indigne non seulement de lui, Job, mais aussi de lui-même, Dieu[4]. »

La guerre sainte ne date pas d'aujourd'hui. Le dieu de l'abîme non plus. Combien sont-ils dans la Bible, le Coran, oui, combien de chapitres guerriers, de versets vengeurs, d'invitations à transpercer l'ennemi ou à réduire le « mécréant » ? Même l'Évangile n'échappe pas à ces paroles dures et peut se montrer impitoyable lorsqu'il entonne la douloureuse litanie des malédictions. Parler de « genre littéraire » n'autorise pas à fuir le problème : il existe, au cœur même des religions, et, singulièrement, des religions monothéistes, une agressivité, un orgueil, un exclusivisme qui donnent parfois le frisson. Que signifient ces véritables reniements d'humanité tout au long de l'histoire des religions ? Lamentables excès, répondent les responsables religieux dits « modérés », insupportables déviances, trahisons, bavures... Oui, mais ne faut-il pas poursuivre l'explication, chercher plus loin encore, plus « en dedans » ? Et reconnaître avec Paul Ricœur que dans la démarche religieuse elle-même, dans son essence profonde, dans « cette mission même de dire une parole qui nous dépasse, il peut y avoir une prétention à dominer les autres, à imposer notre conviction par la force[5] ». Cela ne dit pas le tout de la religion, bien entendu. Cela ne dit pas la joie intérieure ou l'enthousiasme collectif ; cela ne dit pas la fête, la justice, la beauté, la charité ; cela ne dit pas l'héroïsme, jusqu'à la sainteté. Mais il n'empêche qu'il faut répondre à la question : comment prononcer doucement une parole forte ? Comment partager sereinement une parole entrée comme une effraction dans la sphère du confort spirituel ? Une parole qui nous vient de plus loin que nous, et qui n'est pas une simple parole de consolation. Car la religion n'est pas là pour donner bonne conscience ou récupérer les angoisses. Elle a mission d'inquiéter l'homme, au beau sens du mot *inquiétude*, de le tenir debout, éveillé, ouvert, ce qui, j'en conviens, n'est pas du tout reposant. Mission, aussi, de « faire chemin contre elle-même » dit Ricœur et de lutter contre son propre fondamentalisme.

Voilà l'invitation et le pari : se méfier des mobilisations trop fortes. Éviter le trop-plein d'absolu. Et trouver dans ma propre confession, « dans le fond même de ma conviction, de quoi condamner et briser le moment de violence de la conviction[6] ».

Trop-plein de conviction. Trop-plein d'absolu. Une autre violence, silencieuse, ne menace-t-elle pas plus encore et d'autant plus durement qu'elle est moins identifiée et donc plus difficile à nommer : le trop-plein de relatif, le relativisme ? Je devrais même dire le confusionnisme.

Face à ce qui apparaît bien comme une mutation générale du *croire,* les identités sont hésitantes, morcelées. Les institutions s'équivalent. On ne prend pas position. On renvoie les points de vue dos à dos. Écoutez donc les bateleurs au marché des « nouvelles » croyances. C'est le règne de l'adoucissant et de l'idéologie ramasse-tout. L'heure est au grand brassage planétaire. Nous sommes tous frères, n'est-ce pas ? Point de différences ! Croyances et pratiques deviennent interchangeables. Et comme pour les produits d'informatique ou d'électroménager, on voit d'un mauvais œil celui qui n'a pas renouvelé sa panoplie de sagesses exotiques... J'aime entendre, à ce propos, la formule percutante du théologien orthodoxe Olivier Clément : « L'homme ne se sauve pas en se dissolvant. »

Je ne cache pas que ces « arrangements », ces « bricolages idéologiques », ce syncrétisme doux, ce relativisme mou, m'inquiètent presque autant que le fanatisme. Parce qu'ils conduisent à l'indifférence. L'indifférence à l'autre surtout.

Suis-je trop sévère à l'égard de ce « tourisme spirituel » ? Ne faut-il pas tenter de mieux comprendre pourquoi tant de gens refusent d'« adhérer » mais sont prêts à remplir leur caddie dans les supermarchés du religieux ? Pour se recomposer, me soufflent à l'oreille les sociologues de la religion. Pour retrouver une cohérence, une unité intérieure dans un monde où l'obscurité décourage l'utopie. Car c'est bien là le difficile, explique Danièle Hervieu-Léger : faire un choix personnel dans l'émiettement des significations, à une époque où la religion est devenue matière à option[7].

Réduire le champ religieux actuel à un affrontement entre deux trop-pleins ne rend certainement pas compte d'une réalité plus complexe et plus nuancée. Car si on veut bien considérer que ces deux grands courants recouvrent à la fois des approches inquiétantes (intégrisme, fondamentalisme, sectarisme), exotiques (le faux oriental) et thérapeutiques (style Nouvel Age), et admettre, avec respect, que beaucoup travaillent à la carte et naviguent entre plusieurs eaux, il reste encore à souligner — le dit-on assez ? — que notre époque connaît aussi et en même temps une recherche spirituelle d'une qualité rare. Ainsi, au moment où certaines Églises enregistrent une diminution de la pratique plutôt spectaculaire, jamais, peut-être, l'approfondissement spirituel n'a été aussi développé.

Pour m'en tenir à la seule spiritualité chrétienne, mais cela vaut aussi pour d'autres religions et pour la « spiritualité humaniste » ou « laïque », il est frappant de voir comment, dans la mouvance du Concile Vatican II, elle a renoué avec ses sources vives et notamment la fréquentation des Écritures. Mesure-t-on à quel point, en quelques décennies, les chrétiens ont approfondi la mémoire, la vie intérieure et la fraternité. La mémoire comme exploration des textes fondateurs et comme relecture de l'existence ; la vie intérieure comme redécouverte de la dimension spirituelle, bien au-delà de la seule composante charismatique ; la fraternité comme souci d'engagement et comme volonté de transformer les rapports sociaux. C'est-à-dire, pour reprendre le vocabulaire de Claude Flipo, la triple expérience de la Parole, de l'Esprit et de la Communion[8].

TROIS RENDEZ-VOUS

Le véritable défi auquel chacun se trouve confronté, c'est d'aller loin en soi. C'est d'accueillir le ciel qui l'habite. C'est de raviver la liberté qui le brûle. C'est de se dresser dans sa pleine stature d'homme ou de femme. C'est de se laisser traverser par la douleur du monde et retrouver ce lieu inviolable où personne ne peut pénétrer sans son consentement.

Cette retrouvaille-là, je suggère, même un peu, même

timidement, que chrétiens et laïques la célèbrent ensemble. Je propose une rencontre spirituelle forte, chacun, bien entendu, conservant sa mémoire et sa tradition propres. Cela me paraît particulièrement nécessaire à un moment où les individus retirent aux institutions, y compris aux Églises, le rôle d'offrir un sens à l'existence. Il faudra renouer le dialogue avec les institutions. Mais je n'y crois pas si, d'abord, et parfois même au cœur de l'institutionnel, des individus, des cercles, des groupes, des « nouveaux lieux » ne décident pas de se lever et de conduire la modernité au-delà d'elle-même.

La modernité a beaucoup apporté. Pas à tous mais à un grand nombre. Il serait malhonnête de le nier. Va-t-on rejeter la science ? La démocratie ? Regretter les progrès du confort, les avancées de la liberté, la conquête des droits de l'homme et le combat, toujours à reprendre, contre l'obscurantisme et les clôtures cléricales ? Cette modernité-là, elle est acquise, et c'est heureux. Mais elle est usée aussi, à bout de souffle, et le moment semble venu de la conduire plus loin, de la revisiter de l'intérieur. Et c'est bien là que j'ose parler de spirituel. Un spirituel « au cœur de » et pas « en dehors ».

Je crois vraiment que la question spirituelle va nous occuper en ce début de troisième millénaire. Mais pas au sens classique. Pas à travers tous ces « retours » religieux dont on nous rebat les oreilles, en faisant mine d'oublier que la sécularisation est passée par là et qu'elle est acquise. Définitivement. L'enjeu n'est pas de restaurer un ordre moral ou de reconquérir des parts de marché. Et si certains y pensent, ils se fourvoient. Je sais, hélas, en religion peut-être plus qu'ailleurs, que la mauvaise monnaie chasse la bonne et qu'une modernité déboussolée conduit des gens épuisés et même de « vrais » scientifiques à changer d'orbite et à rejoindre, voire à diriger des sectes dangereuses. A un moment justement — est-ce un hasard ? — où la foi comme la raison sont aussi bousculées l'une que l'autre. Raison de plus — et c'est un combat — pour réhabiliter l'intelligence, et donc l'intelligence de la foi. Je ne parle pas d'une intelligence réservée aux intellectuels. Pas du tout. Je n'ai jamais supporté cette opposition factice entre l'intelligence cultivée et l'intelligence ouvrière. Dans les deux cas il s'agit de « faire œuvre » et de « lire de l'intérieur ». On a besoin de toute l'intelligence et de toutes les intelligences pour reprendre à nouveaux frais ce vieux dialogue entre raison et transcendance. Non pas en chambre ou dans l'abstrait, mais par le biais de questions aussi essentielles que l'éducation, la solidarité et la responsabilité. Car c'est à travers des débats d'actualité comme l'école, l'orientation de la science, le respect de l'environnement, la sécurité sociale ou le fonctionnement des institutions qu'une même interrogation fondamentale ne cesse de se répéter, et qu'il faudra vraiment rencontrer : qu'est-ce que JE deviens dans cette société qui produit trois fois plus de richesses qu'il y a quelques années avec 30 % de force de travail en moins ?

Plusieurs rendez-vous s'annoncent ou se prennent déjà, à l'aube du prochain millénaire : les échanges entre chrétiens, la rencontre entre religions. Peut-être faudrait-il ajouter le débat qui s'amorce entre différentes laïcités ? Ces dialogues, doit-on s'en étonner, seront lents et difficiles. Mais déterminants. Car avec Hans Küng, je pense qu'il n'y aura pas de paix dans le monde, tant qu'il n'y aura pas de paix entre les religions. Mais j'ajoute que la paix entre religions suppose le concours actif de ceux qui sont sans religion. Je veux dire que le débat entre confessions chrétiennes ne peut faire abstraction de l'*autre* : le juif, le musulman, l'Oriental. Et que le débat entre croyants de différentes religions ne peut ignorer l'*autre* : le sans-religion. Je n'aime pas la préposition *sans* qui exprime l'absence, le manque, la privation, l'exclusion. Comme on dit sans-abri, sans-cœur, sans-gêne, sans-emploi et… sans-religion ! Je ne suis pas plus emballé par *non-* ou par *in-*croyant. Mais comment exprimer d'un seul mot, positif, la foi de celles et ceux qui ont choisi de croire par un autre chemin ?

La conviction qui habite ce livre pourrait donc se formuler de la manière suivante : les échanges entre confessions chrétiennes et entre religions, si riches et si heureux soient-ils, resteront à mi-parcours, si un autre rendez-vous, tout aussi urgent, ne vient pas les rejoindre et les féconder, un débat où ceux qui croient au ciel et ceux qui n'y croient pas, partagent leurs convictions et leurs aspirations spirituelles. Et dans ce débat-là, chrétiens et laïques, notamment pour des raisons d'histoire et de mémoire communes, sont particulièrement bien placés pour tenter de nouvelles ouvertures et inventer ensemble un sens dans l'éclatement.

QUATRE TRAVERSÉES

J'ai conscience, et une conscience vive, d'évoquer ici un chemin parsemé d'embûches. Il est une épreuve. Il faudra souvent le reprendre comme en témoigne ce slogan laïque entendu il y a quelques années : « Un croyant ne peut être qu'intolérant ou alors il est incohérent. » La formule sonne admirablement mais elle fait des dégâts. Et de la casse, j'en découvre des deux côtés avec, en « réponse », la déclaration de l'archevêque de Bologne, le cardinal Biffi. Lors d'un congrès sur les relations entre croyants et non-croyants, il n'hésitait pas à affirmer, tranquille, que ce dialogue ressemble « à une discussion entre un aveugle de naissance et quelqu'un qui voit tout en couleur ». Ne me demandez surtout pas de choisir entre un cardinal daltonien et un laïque borné ! Mais vous conviendrez qu'avec ces deux-là, la traversée ne va pas beaucoup progresser.

Le parcours que je vous propose dans les pages qui suivent se veut sobre et dépouillé, avec, dans une première partie, rapidement esquissée, l'aventure du dialogue. Pas de fécondité nouvelle si chacun n'accepte pas de sortir et de traverser la parole de l'autre. C'est bien cela que signifie, étymologiquement, *dialoguer.*

Accueillir la seconde partie comme une invitation à la laïcité ne dit pas assez la subjectivité du propos. Mais n'est-ce pas un avantage ? Découvrir le regard d'un chrétien qui entend pratiquer les vertus de laïcité et revendiquer sa propre liberté de pensée.

Comme la seconde, la troisième partie prend un risque : revisiter l'Évangile, retraverser le christianisme, et tenter d'en dire l'essentiel en suivant les chemins d'une école buissonnière. Sans oublier d'affirmer une conviction : les Églises qui se réclament de Jésus sont appelées à un singulier retournement.

La quatrième partie ne propose pas l'impossible mais croit que l'avenir est à l'utopie, c'est-à-dire au changement de lieu. Elle place chrétiens et laïques devant la mer, côte à côte et non face à face, et leur suggère de se lancer à l'eau. Avec la conviction que les avancées politiques passent par une nouvelle quête spirituelle.

L'épilogue n'est pas un dénouement mais un dénuement puisque, d'une certaine manière, ce livre invite à la dépossession. En répétant que l'homme est grand, que la raison est belle et que la conviction peut être chaleureuse.

Voilà pour l'architecture. Mais l'essentiel n'est pas dans l'organisation. Le plus important se trouve entre les lignes, en blanc dans le texte, dans l'invitation à traverser.

Ce livre ne promet pas l'entrée en Terre promise. Il ne garantit pas le retour au paradis perdu. Il propose de casser la logique des affrontements stériles et de dépasser les mentalités politiciennes dont on sait qu'elles habitent souvent les clochers les plus reculés. Il exige donc une ouverture que je n'hésite pas à qualifier de vertigineuse. Mais je suis convaincu que nous n'avons pas le choix. Il y va de notre avenir commun. Car c'est ensemble que des hommes et des femmes sincèrement habités par un au-delà d'eux-mêmes devront se situer devant la question du bonheur.

PREMIÈRE PARTIE

TRAVERSER LA PAROLE

« VITE, FAIS DES GALETTES ! »

A trois kilomètres environ au nord-est d'Hébron, Mambré est un des sanctuaires les plus importants de Palestine. A la fin du IVe siècle, l'écrivain Sozomène, natif de Bétéléa, près de Gaza, écrit qu'« au térébinthe de Mambré, où le Fils de Dieu apparut à Abraham, se tient tous les étés un marché auquel se pressent non seulement les habitants de la Palestine, mais aussi les Phéniciens et les Arabes. Juifs, païens et chrétiens rivalisent avec la même ardeur dans la célébration de la fête — les juifs parce qu'ils honorent Abraham comme père de leur peuple, les païens parce que des anges sont apparus à cet endroit, les chrétiens parce que le Rédempteur s'y est révélé ».

Aux chênes de Mambré, le livre de la Genèse raconte qu'Abraham se trouve assis à l'entrée de sa tente lorsqu'il aperçoit trois hommes debout devant lui. Sommeillait-il, Abraham, « dans la pleine chaleur du jour » ? Toujours est-il qu'il se lève précipitamment et court à leur rencontre. « Mon Seigneur, dit-il à celui du milieu, si j'ai pu trouver grâce à tes yeux, veuille ne pas passer loin de ton serviteur. » Et le maître des lieux d'organiser l'accueil : « Qu'on apporte un peu d'eau pour vous laver les pieds, et reposez-vous sous cet arbre. Je vais apporter un morceau de pain pour vous réconforter, avant que vous alliez plus loin, puisque vous êtes passés près de votre serviteur » (Gen. 18, 1-5).

« Fais comme tu l'as dit », répondent les trois d'un même chœur, car le texte passe allègrement du singulier au pluriel. Comment expliquer qu'Abraham en voie trois, parle aux trois mais n'en salue qu'un ? Certains commentateurs juifs y ont reconnu les archanges Mikhaël (Qui est comme Dieu), Gabriel (Dieu est fort) et Raphaël (Dieu a guéri) accomplissant chacun une mission conforme à l'étymologie de son nom : Mikhaël pour annoncer à Sara la naissance d'Isaac ; Gabriel pour anéantir Sodome ; Raphaël pour soigner Abraham des suites de la circoncision... Le chef de délégation, le plus éclatant, Mikhaël, se trouvait au milieu et c'est à lui qu'Abraham s'adresse en priorité.

Pour sa part, la tradition chrétienne n'est pas restée à court d'inspiration, qui a vu dans la visite des « trois » une annonce de la transfiguration où le personnage central occulte les deux autres. Ou alors une interprétation trinitaire telle que la propose Ambroise de Milan dans sa liturgie : *Tres vidit, unum adoravit* (Il en vit trois et n'en adora qu'un). Dix siècles plus tard, en 1425, le moine Andrei Roublev eut une intuition étonnante. Comment représenter la trinité alors que sa tradition lui interdit de peindre la personne du Père sur une icône ? En proposant les trois anges-pèlerins installés chez Abraham à la chênaie de Mambré ! « L'égalité parfaite des anges est si fortement exprimée, commente le théologien Paul Evdokimov, qu'il n'existe pas de règle pour définir la Personne divine représentée sous la figure de chaque ange. »

Entretemps, « Abraham se hâta vers la tente pour dire à Sara : “Vite ! Pétris trois mesures de fleur de farine et fais des galettes !” et il courut au troupeau prendre un veau bien tendre. Il le donna au garçon qui se hâta de l'apprêter. Il prit du caillé, du lait et le veau préparé qu'il plaça devant eux ; il se tenait sous l'arbre, debout près d'eux » (Gen. 18, 6-8).

Quel beau récit que celui-là, et quelle splendide évocation de l'hospitalité proverbiale des nomades. En quelques lignes tout est dit : l'eau, le repos, le pain, les galettes, le caillé, le lait et le veau préparé. La hâte aussi. Regardez les verbes : « il courut à l'entrée », « se hâta vers la tente », « vite ! », « il courut au troupeau », « qui se hâta de l'apprêter ». En sept versets, on court et on se hâte cinq fois chez Abraham, comme si l'hospitalité était une urgence.

L'urgence reste d'actualité. L'urgence d'une hospitalité inventive. L'urgence du dialogue. Mais quel dialogue ? Tout le monde, aujourd'hui, proclame sa volonté de dialogue, son esprit d'ouverture, sa capacité d'écoute. Il suffit de se brancher sur Internet ou d'ouvrir son récepteur de télévision. Entre partis, entre interlocuteurs sociaux, dans la gestion du personnel, au gouvernement, partout les mêmes invitations : « Je suis prêt à en débattre avec vous », « Ne sommes-nous pas ici pour en parler ? »... Malheur à qui ne se convertit pas à la religion du dialogue !

Je ne parle pas de ce dialogue-là. Non par mépris, mais afin de ne pas confondre les enjeux et les plans.

Pour être clair, le dialogue n'est pas une simple *dis-*

cussion. Non qu'il faille renier la discussion. Il est bon de débattre, de comparer, de distinguer, d'argumenter. La discussion peut préparer au dialogue, mais elle ne se confond pas avec lui. Il n'est pas non plus une *négociation* au sens où l'entend généralement le monde politique quand il parle, par exemple, de « dialogue interethnique » ou de « dialogue interprofessionnel ». Là encore, avec Pierre-François de Béthune, bénédictin à Clerlande (Belgique) et engagé dans la rencontre monastique avec l'Orient, j'invite à respecter la démarche. Elle est importante. Favoriser une juste répartition des avantages et permettre à chacun de trouver son légitime intérêt mérite considération et constitue parfois l'unique chemin possible vers la paix. Mais ce n'est pas encore le dialogue. Enfin, le dialogue ne se réduit pas à une *méthodologie* voire à une pédagogie, au sens où l'on parle de la méthode ou même du dialogue socratique, fort utile, là encore, et qui aide certainement à la mise au monde d'une pensée ou d'une action. Mais ce n'est toujours pas le dialogue que nous souhaitons évoquer dans l'esprit de Mambré.

Dia, en grec, signifie « à travers », et *logos*, « parole ». Voilà déjà un bon début : à travers la parole. Mais la parole est plus que la parole. *Logos*, c'est à la fois « parole » et « raison » disait Voltaire dans son célèbre *Dictionnaire philosophique.* On progresse puisqu'il va falloir traverser raison et parole ! Alain, dans *Les Passions et la Sagesse,* remarque que « les Grecs, nos instituteurs, ont appelé *logos*, qui est discours, l'entendement de l'entendement ». Et lorsque l'apôtre Jean et son *Prologue* viennent mêler leur grain d'Évangile à la discussion, on apprend que le « Verbe » ou la « Parole » étaient « au commencement », ce qui devient dans la traduction du poète Jean Grosjean : « D'abord il y avait le langage... Oui, le langage s'est fait homme et il s'est abrité parmi nous [1]. »

Il va donc bien s'agir de « s'abriter » et de « se faire homme » et de traverser « l'entendement de l'entendement ». Nous voilà loin d'une technique, d'une dialectique, d'un négoce ou même d'une amicale conversation. Dialoguer, dans cet esprit-là, suppose un nomadisme, une démarche « pèlerinante », un arrêt, un accueil, des galettes et du lait... pour qu'une parole vivante se laisse traverser par une autre. Ce qui nous ramène aux chênes de Mambré et aux lois de l'hospitalité.

UNE HOSPITALITÉ RISQUÉE

Dans l'Antiquité grecque et latine, *l'hospitalité* était une véritable institution, le droit réciproque de trouver logement et protection les uns chez les autres. On pouvait donc convenir d'une hospitalité entre villes mais aussi entre familles ou entre personnes. On comprend alors qu'il était grave de violer les lois de l'hospitalité comme le fit un jour Pâris en enlevant Hélène, la femme de son hôte Agamemnon... La guerre de Troie a bien eu lieu et son origine réside dans un incontestable manquement aux règles de l'hospitalité.

L'institution de l'*hospitalitas* a rejoint la vie quotidienne et le fait de recevoir quelqu'un chez soi, en le logeant et en le nourrissant, est entré dans les mœurs. Certains exercent généreusement l'hospitalité, d'autres moins. Il en va des personnes comme des pays, tant il est vrai que donner l'hospitalité ne coule pas nécessairement de source.

La tradition monastique a souvent accordé grande attention à la pratique de l'hospitalité. Même les Pères du désert n'hésitaient pas à lui donner bonne et sage place, comme en témoigne cette histoire égyptienne (un peu légendée ?), au IVe siècle de notre ère.

A l'entrée de sa grotte, un anachorète psalmodie. Il est l'heure de tierce et, bras étendus, paumes levées vers le ciel, il adore le Seigneur Adonaï, quand une femme apparaît devant lui, très jeune, une nomade, les joues rouges encore d'avoir dû se glisser à travers les buissons.

Elle s'arrête, puis s'approche à trois pas de lui. Sans se troubler et dans la crainte de Dieu, l'ermite finit les psaumes. Mais pendant ce temps, la femme a retiré son voile épais et son manteau, et défait sa ceinture.

« Arrête ! » lui enjoint-il. La fille fait alors celle qui ne comprend pas et le fixe de ses beaux yeux noirs. Puis, brusquement, elle attrape le bas de sa tunique et la fait remonter ; elle l'enlève, et secoue ses cheveux. Avant qu'il ait pu protester, elle a ôté la bande autour de sa poitrine. La femme est devant lui, sa peau brune et sans poils, toute lisse.

Lui se recule un peu et, la voix brusque, il lui commande : « Assieds-toi ! » et elle s'assied. Il lui demande : « Es-tu chrétienne ? »

Elle répond : « Oui. »

L'homme se fait sévère : « Ne sais-tu pas que ceux qui font l'impureté sont condamnés ? »

Elle répond : « Oui, je le sais. »

Il s'emporte : « Alors, dis-moi, si tu sais cela, pourquoi fais-tu le mal ? »

Elle baisse la tête, et, à voix basse, répond : « J'ai faim ! »

Ému, l'homme ne la chasse pas. Il adoucit sa voix : « J'ai un peu à manger, je vais te le donner. Tu sais, c'est très peu. » Elle, avidement, suit ses gestes. Il sort une figue et quelques dattes. « Rhabille-toi, grommelle-t-il, et plutôt que de faire cela, reviens me voir chaque jour. »

Sur quoi, tout ce que Dieu lui envoya, il le partagea avec elle. Il le fit autant de temps que la nomade demeura dans la région.

Saint Benoît, qui n'a pas prévu, dans sa sobre et très moderne *Petite règle pour les commençants*, la situation vécue par le moine égyptien, enjoint pourtant à ses frères de témoigner aux hôtes « toute forme possible d'humanité ». A la lecture de cette célèbre « règle[2] », on mesure à quel point l'hospitalité apparaît en finale comme une sorte d'accomplissement, un récapitulatif de ce qui précède, une halte qui doit apporter repos et réconfort, bien entendu, mais symboliser aussi un partage plus large qui s'exprime notamment à travers l'acte symbolique de la prosternation.

De tous temps et en toutes cultures et traditions, l'hospitalité comporte des lois. Pierre-François de Béthune a tenté d'en dégager quelques-unes et de dire par quels chemins elles pourraient s'appliquer au dialogue interreligieux[3]. M'inspirant très librement de son analyse féconde et stimulante, j'ai voulu voir dans les lignes qui suivent si le dialogue entre chrétiens et laïques n'aurait pas avantage, lui aussi, à s'abreuver aux sources de l'hospitalité. Que mes amis laïques se rassurent : je n'ai pas l'intention de les faire entrer au couvent ! Et je ne leur demande pas, avec saint Benoît, de voir dans l'hospitalité une figure du Royaume. Mais un cadre, oui, un contexte, un environnement, un arrière-fond et, pour tout dire, un esprit dont je pense qu'il facilite le dialogue et lui donne en quelque sorte une meilleure chance d'épanouissement.

Il ne faut pas avoir une vision trop romantique de l'hospitalité. Le mot, souvent, fait rêver. La pratique conduit à plus de réalisme. Et ce n'est sans doute pas un hasard, si la racine indo-européenne *host* a donné naissance à la fois aux mots « hospitalité » et « hostilité ». Qui donc est-il, celui-là qui s'approche dangereusement de ma tente : un hôte (*hospis)* ou un ennemi (*hostis*) ? Et moi, en m'approchant, dans quelle aventure suis-je en train de m'embarquer ? L'hôte (le maître de maison) va-t-il me traiter comme un hôte (un invité) ou comme un… otage ? Peut-être faut-il partir de là : toute hospitalité comporte un risque. Et pour l'offrir, cette hospitalité-là, ne faut-il pas en avoir ressenti soi-même, au plus profond, le besoin ?

Ce serait une première règle du dialogue entre chrétiens et laïques : avoir faim, avoir soif, se laisser inviter, en sachant que s'« il y a plus de joie à donner qu'à recevoir » comme il est dit au Livre des Actes (20, 35), « il y a plus d'urgence à recevoir qu'à donner[4] ».

Soyons clairs : cette attitude de disponibilité intérieure, sans arrière-pensée, sans souci de mission ou de conversion est un retournement pour le monde chrétien. Car souvent, l'histoire l'a montré, « l'autre » était perçu, dans le meilleur des cas, comme quelqu'un à « sauver ». Ce laïque est un chrétien qui s'ignore ! Pas question alors d'interfécondation, explique Robert Smet, et d'accoucher de quelque chose de neuf. L'heure est à la « théologie contraceptive », celle qui refuse la chance de la différence et la naissance de l'originalité. L'autre m'intéresse « pour partie », là où il rejoint mes choix et vient conforter mon propre chemin. Par certains côtés, il appartient à la famille, mais un peu à la manière des anciens frères convers. « C'est comme si le bon Dieu avait des enfants naturels non déclarés, à côté du fils légitime que je suis[5]. »

Créer un climat de dialogue, c'est exactement le contraire : avouer un manque et, selon la formule de saint Augustin, se reconnaître voyageur « jusque dans sa propre maison ».

Il est intéressant d'examiner d'un peu plus près comment Abraham pratique ces préliminaires.

Dès qu'il aperçoit ses mystérieux visiteurs, le patriarche se précipite à leur rencontre et se prosterne à leurs pieds. D'accord, cet agenouillement oriental que l'on devine un rien grandiloquent peut déconcerter. Les laïques n'apprécient pas trop les génuflexions ! Il n'empêche qu'au-delà du contexte culturel et même indépendamment de sa signification religieuse, ce geste silencieux dit un accueil et exprime, fortement, une humilité car il s'agit bien de toucher la terre (*humus*).

Abraham ne commence pas par parler. Il ne tend pas la main. Il ne demande pas une identité. Il s'incline et il invite. La discussion, ce sera pour plus tard. La parole est servante. Elle s'empresse et elle organise : « Qu'on apporte un peu d'eau… reposez-vous… Je vais chercher du pain… » N'est-ce pas, dans un cadre très différent, ce que vise la cérémonie du thé ? La célèbre tradition japonaise du *Cha do* veut aussi, à travers un rituel étudié et qui donne large place au silence, créer un climat et témoigner d'un grand respect envers l'invité. Pour les invités d'Abraham, la suite ne sera pas aussi légère : un veau, du lait, du beurre et quarante kilos de farine. De quoi manger des galettes pendant tout un carême !

Au fond, le récit de la Genèse rappelle une chose simple : avant de traverser la raison et la parole, avant de pénétrer « l'entendement de l'entendement », il faut s'asseoir, se détendre, manger.

Je ne propose pas de « ritualiser » le dialogue entre chrétiens et laïques avant même de l'avoir entamé. La suite dira à suffisance que l'émotion ne doit pas rater le rendez-vous de la raison. Mais je prétends que sans un climat, une ambiance, sans un cadre, sans des « tables d'hôte », on s'en tiendra à des échanges, peut-être à des joutes oratoires, sans atteindre ce que Ricœur appelle une « hospitalité des convictions ».

UNE IDENTITÉ CHANTANTE

« Mon Seigneur, si j'ai pu trouver grâce à tes yeux, veuille ne pas passer loin de ton serviteur. » L'invitation d'Abraham est sobre, délicate. Comme j'aimerais être convié souvent de cette manière-là ! Alors pourquoi hésiter ? D'où vient la crainte ? Il ne suffit pas que le cœur de l'autre soit bien disposé. Encore convient-il que le mien, lui, se sente suffisamment conforté.

Pas de dialogue sans enracinement. Pas d'estime de l'autre sans estime de soi. Pour partir, il faut appartenir. Il faut même, d'une certaine manière, s'appartenir.

Je suis né quelque part. Et c'est une chance, me souffle à l'oreille Adolphe Gesché, car « on découvre aujourd'hui que vivre son identité suppose qu'on vive aussi sa nativité. L'homme est un être-né[6] ».

Je suis précédé. Je viens d'une terre particulière. La mienne, Wallonie, est ouverte à tous vents. On la traverse depuis des générations. De multiples accents la colorent. Elle est un dialogue à elle toute seule. Et pour elle, comme pour moi, comme pour chacun, la même question se pose : comment proposer une identité chantante ?

Quelquefois, c'est vrai, l'identité m'inquiète. Le terrorisme identitaire. Qui n'est pas seulement le particularisme agressif de je ne sais quelle minorité ethnique. Le terrorisme d'une conviction. Le terrorisme d'un témoignage. Je parle d'une autre identité. Plus intérieure. Moins bavarde. D'une parole singulière. D'une particularité qui laisse place à d'autres particularités. « Qu'avez-vous à dire qui soit audible par tous, demande Lucien Guissard, mais qui soit de vous[7] ? » Voilà le passionnant. Et le difficile : « de vous » ! Ce n'est pas une affaire de classification, d'énumération de signes distinctifs. On s'engage mal dans le dialogue si on prétend s'y amener avec une pleine valise de « valeurs propres ». Les chrétiens ne sont pas plus experts en humanité que les laïques. Et ceux-ci ne détiennent pas une exclusivité en matière de droits de l'homme. Mais le chemin de chacun, la singularité de son itinéraire, l'originalité de son enracinement, ça, oui, ça m'intéresse. Parce que le même mot, vous et moi, nous le disons avec nos racines, nos histoires, nos sensibilités, nos relations, nos manières d'être... Encore faut-il le dire, ce mot-là, car on ne respecte pas la différence en se noyant dans l'indifférenciation. Éloi Leclerc cite, à ce propos, le témoignage d'un groupe de jeunes chrétiens soucieux de vivre pleinement l'ouverture aux « autres » sous la conduite d'un maître spirituel : « Un jour que nous nous sentions un peu dépassés, racontent-ils, nous nous sommes confiés à notre guide et nous lui avons dit : "Nous avons vu trop de gens, trop de lieux, ces derniers temps, des soufis, des bouddhistes, des hindouistes... Nous en arrivons à ne plus très bien savoir qui nous sommes." Notre guide nous a serrés dans ses bras, en éclatant de rire, et nous a dit : "Mais qu'est-ce que ça peut vous faire ? Vous en êtes encore à vous poser des questions pareilles ? Mais voyons, si vous trouvez quelqu'un qui vous apprenne à mieux aimer, ne vous occupez pas de son étiquette, suivez-le."[8] » La réponse est séduisante mais insuffisante car, dans la durée, la générosité appelle l'identité. Pour « mieux aimer », je dois savoir qui je suis.

La nativité ne dit pas le tout de l'identité. Parce que notre identité se structure aussi, heureusement, hors du chemin des origines. « Qui es-tu ? » La question intéresse beaucoup, aujourd'hui, à commencer par les plus jeunes.

Toi, juif, toi, musulman, toi, laïque, toi, chrétien... qu'as-tu d'unique ? Qu'est-ce qui te fait vivre ? L'interrogation traverse les Évangiles. « Qui sont ma mère, mes frères ? » (Marc 3, 33). « Qui est mon prochain ? » Et toi, Jean, demandent les envoyés de Jérusalem, « qui es-tu ? Es-tu Élie ? » Il répond : « Je ne le suis pas — Es-tu le Prophète ? — Non », dit-il. Mais qui alors ? « Que dis-tu de toi-même ? — Je suis la voix de celui qui crie dans le désert » (Jn 1, 23). La voix ! En voilà une réponse ! La voix qui crie. La voix qui ouvre, qui appelle. Une voix qui traverse de part en part le quatrième Évangile où le verbe *écouter* revient à cinquante-huit reprises.

Je brûle de partager avec vous une autre histoire de voix ! Elle va peut-être vous sembler singulière, mais je ne la crois pas étrangère à cette réflexion sur l'identité. Vous arrive-t-il, quelquefois, d'entendre à la radio les « communiqués colombophiles » ? De les entendre et de les écouter ? Quel plaisir, le dimanche matin, en attendant les « nouvelles », de se laisser gentiment bercer, au sortir du sommeil, par l'égrènement de ces lieux si proches, si lointains : « Pont Sainte-Maxence, 6 h 45 : très bonne visibilité, sud-ouest faible à modéré. Lâcher à partir de 7 heures… Quiévrain : beau, plafond haut, bonne visibilité, Ouest à partir de 7 h 45… Clermont : brume au sol, visibilité réduite, sud très faible… Chantilly : brouillard, visibilité inférieure à cent mètres, calme, les convoyeurs attendent. » Voilà de la vraie radio, un poème, une prière du matin, une litanie du cœur que n'aurait pas désavouée *Le Pèlerin russe…* Un jour, j'ai demandé à Mme Anne Rieter, « speakerine des informations colombophiles » — quel beau métier ! Elle a raison de l'inscrire comme tel sur sa carte de visite —, de me raconter cette émission un peu particulière qui tient la route et surtout le ciel depuis des décennies. « Qu'on y prenne garde, me dit-elle, les inflexions de la voix vont se jouer de l'aridité de l'exposé, pour le rendre agréable, lui insuffler subrepticement de l'intention : une pointe d'ennui pour les interminables journées de bruine quand, invariablement, *les convoyeurs attendent.* de l'enthousiasme à l'annonce de *lâchers* en série sur toute une *ligne de vol,* du dépit pour l'unique convoyeur qui, lui, n'a pas lâché… Cette multitude d'intonations induisent une complicité avec *l'amateur* et rendent ces trois à quatre minutes tolérables au non-initié. »

Je n'ai jamais eu de pigeons… mais les communiqués colombophiles me bercent et me poursuivent depuis des années comme une métaphore de la vie. Car c'est bien ma vie quotidienne que raconte la présentatrice avec sa brume au sol, son plafond haut ou sa visibilité inférieure à cent mètres... Et cette voix ennuyée, joyeuse, enthousiaste ou réprobatrice me rejoint parfois loin dans le secret.

Se soucie-t-on assez du son à la radio, de la combinaison des voix, du mélange des grains, de la couleur des timbres ? Car, j'en suis convaincu, le son fait rêver. Il faut vraiment parler, je crois, de magie sonore et de prodigieux chemin d'ouverture à l'imaginaire.

Se soucie-t-on assez du son quand on parle d'identité ? « L'identité du Baptiste est donc dans sa voix », admire le poète Georges Haldas, dans sa fonction humanisante, annonciatrice. Et cela vaut pour chacun de nous, ajoute-t-il. Notre identité réside « dans ce que nous apportons au monde ou que nous ne lui apportons pas [9] ». Nous le savons bien et nous en avons l'expérience : quand quelqu'un nous *parle* vraiment, va chercher au plus intime de lui un éclat de son humble vérité, même sans comprendre, nous entendons le son de sa voix, et ce son, en nous pénétrant, nous dit quelque chose de son identité. Et peut-être de la nôtre.

Qu'apportons-nous au monde ? Avec quelle provision de sens les trois visiteurs d'Abraham se sont-ils présentés à l'entrée de la tente ? Quel était le son de leur voix ?

Cultiver l'identité, oui. Une identité vivante. Une identité plurielle, inventive, fragile. Cultiver l'identité pour élargir l'horizon, pour encourager à plus de liberté, pour accéder à plus d'universalité. Cultiver l'identité pour renforcer le dialogue.

L'identité est une densité de présence.

UN COMBAT AMOUREUX

Il s'agit de sortir. Le dialogue pousse à l'extérieur. Sortir et donc s'informer, préparer son itinéraire. Que savons-nous de l'autre, de son histoire, de son combat ? Qu'avons-nous lu ou entendu de lui ?

Probité. Le dialogue demande de la rigueur, de la loyauté, de la curiosité, une véritable maturité. Une culture aussi. Et une probité intellectuelle affirmée. Il n'est pas une démarche réservée à une élite. Mais ce serait mensonge de s'engager sur une voie aussi exigeante sans s'être solidement documenté. Pas question d'adoucir, d'édulcorer, de simplifier, de passer les difficultés sous silence, même « pour la bonne cause ». A force de chercher trop facilement le consensus, de souligner trop exclusivement ce qui unit (une obsession bien chrétienne !), d'arrondir les angles et de limer les aspérités, on gomme la singularité de l'autre et on lui manque de respect.

Nudité. S'aventurer en dialogue interroge évidemment — et pas peu — le monopole de la vérité. Celle-ci ne nous appartient pas. Notre chemin n'est pas le seul. Nos réponses ne sont pas brevetées. Nos certitudes habitent le provisoire. Et nous voilà entraînés, bien plus vite, parfois, que nous ne l'imaginions, dans une expérience forte, décapante, qui peut remettre en question des convictions durement acquises et conduire à une véritable nudité spirituelle. Mais n'est-ce pas un beau risque que celui-là ? Un dépouillement qui est aussi un rajeunissement ? Une redécouverte de mon histoire, un renouvellement de ma pratique, une relecture de mon actualité ? Pourquoi dialoguer, si je ne suis pas prêt à la rencontre de l'inespéré ? Et que signifie une vérité qui n'accepte pas de se blesser à d'autres vérités ?

Altérité. Dialoguer ainsi, jusqu'à ce degré-là de vérité, est un chemin qui apparaîtra comme idéaliste à beaucoup. Il est déjà tellement difficile de changer d'avis dans le quotidien ! Que dire alors quand, dans un dialogue sérieux et sincère, je me heurte à l'altérité profonde de l'autre ? Car il ne faut pas sous-estimer la distance qui peut séparer. Il arrive que mon vis-à-vis se trouve ou se sente dans l'impossibilité de faire un pas de plus. Pour lui, à ce moment-là, changer, cela peut vouloir dire changer d'être. Mais justement, c'est alors, quand c'est difficile, quand l'autre est vraiment autre et reconnu comme tel qu'il faut se battre et refuser le plus petit commun dénominateur. « Jouer la difficulté » insiste Ricœur, et se livrer, selon les mots de Karl Jaspers, à un *Liebender Kampf*, un « combat amoureux [10] ». Dans ce combat, il ne s'agit surtout pas de vider ma propre conviction et d'en affadir l'énergie fondatrice, mais d'aller jusqu'au bout de ce qui nous sépare, d'oser se le dire, et de mettre en commun, non seulement nos convictions morales respectives, mais les chemins de chacune de nos traditions vers ce « commun »-là.

UN SILENCE HABITÉ

Le dialogue, sincère, désarmé, apporte beaucoup à celui qui accepte de s'aventurer sur ce chemin peu fréquenté et se révèle capable d'accueillir en lui une double conviction : la sienne propre et celle de l'autre.

Dans le dialogue, le proche s'éloigne quelquefois, et le lointain s'approche. « Le frère est plus étranger et plus mystérieux qu'on ne le croit, l'étranger est plus frère qu'on ne le pense[11]. » Mais le dialogue reste une expérience difficile et il arrive, malgré la chaleur, malgré la grande sympathie et même la fraternité d'un long coude-à-coude, oui, il arrive que la mer paraisse quasi impossible à traverser. A ce moment-là, parce que cela fait aussi partie de la richesse de la rencontre, il importe de vivre au plus profond cette expérience de l'incommunicabilité. Se tenir, et parfois longtemps, dans le « non-dit », ou dans l'impossible à dire, c'est une manière de dialoguer. A condition que, là encore, il s'agisse d'un « impossible » vivant, d'un « non-dit » actif, d'un silence habité.

Ce « non-dit » n'est-il pas au cœur de toutes les religions et de toutes les sagesses ? Les théologiens le savent bien qui, au Moyen Age, ont inventé la théologie dite « négative » ou « apophatique » (du grec *apophanaï*, « dire non ») pour signifier qu'il n'est pas possible d'approcher la connaissance de Dieu par *affirmations* mais uniquement par *négations successives* (il *n'est pas* visible, nommable, etc.). Par d'autres chemins, nombre de mystiques disent aussi qu'on ne peut pas percer le Mystère, et les moines, et le bouddhisme, tous convaincus que la réalité ultime reste insaisissable.

Ricœur élargit encore en se demandant s'il n'existe pas un « fondamental », une sorte de réalité ultime, impossible à exprimer, à enfermer en tout cas dans une formulation dogmatique, et qui pourtant concerne chacun, quelle que soit sa philosophie ou sa religion. « Il faudrait presque un silence commun, dit-il, sur ce qui ne peut pas être dit[12]. » Parce que chacun, finalement, croyant ou non, chrétien ou laïque, est appelé à trouver, au fond même de sa conviction, ce qui le rejoint de façon souterraine et que, par certains côtés, il ne maîtrise pas. En ce sens-là, il y aurait, au bout du dialogue, comme un *dia-silence,* un « silence traversé », là où se rejoignent, dans l'extrême différence, « le point de silence et le point de rassemblement ».

Nous voilà ramenés au départ : dialoguer, ce n'est pas partager le pouvoir, mais retrouver « ce qui est non politique dans une conviction[13] ». C'est traverser une parole, jusqu'au silence, et se laisser traverser par elle et par lui. « Une parole forte, mais faible politiquement. »

« MAIS SI, TU AS RI ! »

Les trois visiteurs se délectaient donc du veau « bien tendre » quand ils disent à Abraham : « Où est Sara ta femme ?

— Là, dans la tente », répond-il.

L'un des trois — le « Seigneur » (mais rappelez-vous : pour le texte biblique, Dieu et ses deux messagers ne font qu'un) — poursuit le dialogue et annonce : « Je dois revenir au temps du renouveau et voici que Sara ta femme aura un fils. »

Or, Sara écoutait à l'entrée de la tente. Elle et son homme se trouvaient avancés en âge, et Sara « avait cessé d'avoir ce qu'ont les femmes », dit la Bible. Du coup, elle se met à rire « en son sein » et leur demande, les yeux pétillant de malice : « Toute usée comme je suis, pourrais-je encore jouir ? Et mon maître est si vieux ! » Mais le Seigneur insiste : « Au temps du renouveau, Sara aura un fils. »

Les hommes se lèvent. Abraham les suit et leur donne un pas de conduite, accomplissant ainsi le dernier des devoirs de l'hospitalité : accompagner les visiteurs jusqu'à leur départ et les envoyer.

Comme j'aime entendre le rire de Sara ! Ce bon rire d'incroyance qui fait d'ailleurs froncer les sourcils du Visiteur en chef. Du coup, la pauvre, elle nie le flagrant délit : « Mais non, je n'ai pas ri. »

Mais si, Sara, tu as ri ! Et aujourd'hui encore, ce grand éclat de rire illumine mes oreilles : « Quoi ! Après m'être fanée, j'aurai la volupté ? » D'ailleurs, à la naissance d'Isaac — en hébreu « Il a ri » — ne t'écries-tu pas : « Dieu m'a donné sujet de rire ! Quiconque l'apprendra rira à mon sujet » (Gen. 21, 6).

Oui, Sara, je ris à ton sujet. Mais ce n'est pas un rire moqueur. Je ris de connivence. Je ris d'amitié et de complicité. Et je me dis que le rire doit aussi habiter le dialogue.

Dialoguer : se laisser traverser par une parole de rire !

Que sera-t-il, « au temps du renouveau », le fils du dialogue chrétiens-laïques ? Je sais : « Abraham avait cent ans quand lui naquit son fils Isaac » (Gen. 21, 5). Mais ce n'est pas une raison pour traînailler en route.

DEUXIÈME PARTIE

TRAVERSER LA LAÏCITÉ

LE CIEL ET LE SIÈCLE

Que serions-nous sans la laïcité !

Que serions-nous sans ce grand et difficile combat toujours recommencé ?

Que serait la religion — ma religion — sans la vigoureuse interpellation du monde laïque? Les chrétiens mesurent-ils assez le bonheur de ce débat d'idées et la chance d'être renvoyés à la rudesse des intuitions évangéliques ?

Non, je ne provoque pas, je ne «récupère» pas, je constate et je me réjouis : la laïcité a beaucoup aidé à l'épanouissement de la personne, au développement de la responsabilité, à la conquête de la citoyenneté. Chrétien, je revendique mon attachement à la laïcité.

Peut-on imaginer qu'en Belgique, il y a moins de cinquante ans, le préservatif s'achetait dans une seule pharmacie bruxelloise ? Clandestinement, bien entendu. Et au prix de quelle performance ! C'est qu'en effet, grâce à la complicité du personnel de la compagnie nationale d'aviation, l'officine en question saisissait l'occasion de vols transatlantiques pour importer — illégalement — des contraceptifs [1].

Quelques années plus tôt, l'évêque de Nancy, monseigneur Fleury — portait-il bien son nom ? — n'hésitait pas à déclarer, lors d'une élection, que « s'abstenir (...) serait un péché mortel. Les conséquences d'une telle abstention seraient en effet plus funestes qu'un manquement à la messe dominicale, qui, déjà, constitue une faute grave. Bien voter, c'est choisir des candidats intègres, compétents, désintéressés, des hommes prêts à défendre la liberté de conscience individuelle et sociale, en particulier la liberté de l'enseignement, des hommes décidés aussi à faire aboutir les réformes sociales qui protégeront leurs concitoyens contre le règne du matérialisme, que ce soit celui du profit ou du marxisme socialiste ou du communisme, tous condamnés par l'Église [2] ».

Pour faire bonne mesure et traduire dans la quotidienneté paroissiale des directives épiscopales parfois un peu lointaines, certains confesseurs n'hésitaient pas à faire pression sur les épouses, en leur suggérant par exemple de se refuser à leur mari si celui-ci n'avait pas l'intention de voter « correctement ». La distance est parfois plus courte qu'on ne l'imagine entre l'interdiction et l'obligation d'abstention !

Au passage et parmi bien d'autres avancées, faut-il encore rappeler les batailles en faveur du suffrage universel, l'accès des jeunes filles à l'enseignement supérieur ou même, ce n'est pas rien, ce terrible combat pour le droit à l'inhumation, puisqu'il fut un temps pas si éloigné où les incroyants restaient interdits de cimetière... On comprend, dans ce contexte-là, la naissance des premières sociétés de libre pensée, d'entrée de jeu plus pluralistes qu'on ne l'imagine à distance puisqu'en 1902, la jeune association française des libres penseurs peut compter dans ses rangs, à côté de la franc-maçonnerie, des représentants du judaïsme, du protestantisme et même du catholicisme libéral.

Dira-t-on jamais assez à quel point l'exigence intellectuelle de bien des milieux laïques est une chance, même pour la foi. Ainsi, je garde au cœur et en mémoire, comme un moment précieux de ma formation, cette période stimulante où, à la Faculté de théologie de l'Université catholique de Louvain, les étudiants ont eu le privilège de dialoguer avec les grands courants de la pluralité laïque.

Je ne voudrais surtout pas oublier de mettre en lumière le rôle déterminant des laïques en faveur de la valorisation du plaisir. Les chrétiens qui, aujourd'hui — et ils sont nombreux —, se réjouissent de cette conquête essentielle leur doivent une fière chandelle et feraient bien de brûler un cierge en l'honneur de cette heureuse victoire !

Refondation

Mais au fait, qu'appelle-t-on « laïcité » ?

Les Nobel réunis à Paris en 1989 à l'initiative d'Élie Wiesel proposent, en cinq mots : « le refus des vérités définitives ». La laïcité, précise Ernest Lavisse, « c'est refuser aux religions qui passent le droit de gouverner l'humanité qui dure ». C'est « le refus de confondre le ciel et le siècle, enchaînent Jacques Sojcher et Foulek Ringelheim, la société civile et la communauté religieuse, l'espace public et l'espace privé, le profane et le sacré [3] ». Elle induit donc « une conception particulière de la relation du religieux au politique, poursuit Jacqueline Costa-Lascoux, conception qui a évolué dans sa formulation, mais qui, fondamentalement, repose sur deux principes : la liberté de conscience (...) et l'égalité de tous devant la loi[4] ». Oui, « affermissement de la conscience et de sa liberté », insiste Émile Poulat pour qui la laïcité n'est pas une victoire de l'État sur l'Église dans le gouvernement des consciences mais plutôt « une refondation de la société par la reconnaissance à tous du droit de nature à la liberté publique de la conscience[5] ».

L'Église n'est peut-être pas battue, mais, au départ, elle ne digère pas cette « refondation », elle n'accepte pas cette séparation du spirituel et du temporel, elle n'encaisse pas ce retour de la religion dans la sphère privée. Pendant plus d'un siècle — presque deux ! — elle va refuser l'esprit des Lumières et tourner le dos aux principes de la Révolution française. De *Mirari vos* (1832) à *Singulari vos* (1834), Grégoire XVI ne décolère pas et s'en prend avec véhémence aux libertés de pensée et de culte. Pie IX remet ça dans *Quanta cura* et récidive dans le tristement célèbre *Syllabus* de 1864. L'évolutionnisme va y passer à son tour, puis la critique historique des Évangiles, sans oublier le serment antimoderniste que le pape Pie X impose au clergé catholique en 1910. Il sera abrogé en... 1967.

Des liaisons orageuses

Ce raccourci sommaire illustre un refus mais ne dit pas la complexité de l'évolution, y compris dans les rangs laïques[6]. Au XIXe siècle et même encore au début du XXe, libéraux et républicains ont peine à surmonter le traumatisme de la séparation, tant l'imprégnation chrétienne reste forte sur la société. Du coup, les fondateurs de la IIIe République n'avanceront sur les chemins de la laïcité qu'avec une évidente prudence. Même aujourd'hui, sur des questions qui restent délicates, comme l'école, par exemple, ou le foulard islamique, le feu couve encore sous la cendre. A toutes les étapes de sa liaison passionnée, le couple religion-laïcité reste prêt à s'enflammer !

S'agit-il d'un couple impossible ? La laïcité peut-elle vraiment accueillir la religion ? Est-elle condamnée à la combattre ou à la cantonner dans d'étroites limites, comme un mal qu'elle n'arrive pas à éradiquer ?

Avant de rencontrer cette question, une précision de vocabulaire s'impose car le mot est d'utilisation difficile. On affuble aujourd'hui la laïcité de tous les vêtements. Et cela peut se comprendre puisque, comme le souligne très justement Guy Haarscher, « le concept de laïcité est à la fois très large et très étroit[7] ».

Au départ, et dans la ligne des réflexions qui précèdent, il s'agit bien d'une affirmation qui est aussi un refus : l'État doit être celui de tous, pas question qu'il se confonde ou qu'il se compromette avec une idéologie ou une morale particulières. L'enjeu, c'est la citoyenneté et l'accueil positif de la sécularisation. Mais cette approche « politique » ne dit pas le tout de la laïcité, qui se présente aussi comme une philosophie, une morale, une vision de l'existence, un humanisme, avec insistance sur certaines valeurs : tolérance, métissage des cultures, autonomie de la personne, responsabilité individuelle, respect des droits de l'homme, valorisation du plaisir... Ne sont-ce pas là de grands idéaux très largement partagés aujourd'hui et la meilleure preuve que le combat laïque a réussi ?

« Catholaïque »

Alors, religion et laïcité : conciliables ?

Qu'il y ait — c'est un fait — une diminution du nombre de catholiques, chacun peut en convenir. Mais faut-il, pour autant, établir un lien entre baisse du catholicisme et montée de la laïcité ? Et laisser entendre, surtout, que l'avancée considérable de la libre pensée se fait nécessairement au détriment de la religion ? « Toute référence à une divinité serait-elle incompatible avec la laïcité ? » interroge Pierre de Locht. Si tel est le cas, l'impasse reste entière, poursuit-il, et « le combat ne peut alors que se durcir entre catholiques (...) voyant dans la laïcité une menace contre la foi la plus authentique, et laïques attribuant à la foi religieuse le principal obstacle à la laïcité[8] ».

« Il ne faut pas confondre laïcité et a-religiosité », déclare à son tour Jacques Attali pour qui la laïcité ne signifie pas la négation du religieux mais « un équilibre subtil dans l'usage du religieux comme un élément de la culture nationale[9] ». Même regard de la part du professeur Robert Joly qui souligne publiquement son engagement athée et se réjouit de voir la laïcité accueillir plus clairement les « croyants laïques » et même ceux qu'il appelle les « catholaïques ». Nous y gagnerons tous, dit-il, puisque nous nous rapprocherons ainsi d'une laïcité ouverte, cohérente, pluraliste, mais d'un pluralisme de dialogue, de débat.

Jacqueline Costa-Lascoux fait un pas de plus lorsque

sa fine observation des « trois âges de la laïcité » lui permet d'écrire que « la laïcité confère à l'expression religieuse sa pleine signification. Elle la situe au centre de la confrontation des idées et des convictions ». D'ailleurs, même la culture post-révolutionnaire d'après 1789 « prônait une morale indépendante de tout dogme, non la négation de la vie spirituelle [10] ».

CHRÉTIEN ET LIBRE PENSEUR

Tant que l'on s'en tient à la laïcité « politique », très bien. Il n'y a pas (plus !) deux catégories de citoyens. Tant qu'il s'agit d'accueillir ensemble la différence, de lutter contre l'exclusion, de souligner la responsabilité personnelle et même de valoriser le plaisir… les convergences restent possibles. Elles sont même fréquentes. Et si clivage il y a, c'est peut-être à l'intérieur de chaque « famille » qu'il faut d'abord le chercher.

Mais l'autonomie de pensée ? Mais le libre examen ?

Un mot forgé par les Anglais en 1659, *free thinker*, voit dans le libre penseur une personne qui, en matière religieuse, ne se fie qu'à la raison et ne veut être influencée par aucun dogme établi. Deux siècles plus tard, dans son *Dictionnaire de la langue française,* Émile Littré élargit l'approche puisqu'il retient du libre examen « le droit naturel de n'accepter comme vrai que ce qu'admet la raison ou l'expérience ». Encore faudrait-il s'entendre à propos du « droit naturel » ! Plus près de nous, l'ancien recteur de l'Université libre de Bruxelles, Hervé Hasquin, explique qu'il entend par laïque « l'homme ou la femme qui fonde son engagement sur le libre examen et qui par conséquent possède la vertu d'un éclectisme, la capacité de changement et d'évolution, celui ou celle qui pratique la tolérance, bref l'homme ou la femme décidés à penser librement et refusant de se laisser enfermer dans un système de pensée contraignant[11] ». Encore faut-il se battre pour que tout le monde soit dans les conditions de pratiquer le libre examen, ajoute la philosophe Marthe Van de Meulebroecke, car c'est cela la laïcité. Le libre examen n'est jamais gagné. Il est toujours à conquérir et à reconquérir parce qu'il n'est pas une doctrine mais une pratique. Il ne se transmet pas. Il apprend à agir dans l'incertitude et recherche à chaque moment le vrai, le bien[12] ».

En quoi pourrais-je ne pas suivre cette proposition ?

Moi aussi, je tente d'agir dans l'incertitude. Moi aussi, je m'efforce de rencontrer le changement, d'accueillir l'évolution. Moi aussi, j'entends penser librement et je croise tous les jours des chrétiens qui refusent « de se laisser enfermer dans un système de pensée contraignant ».

Je veux franchir un pas supplémentaire et affirmer avec les membres du groupe Paroles, René Rémond, Gabriel Marc, Jean Delumeau, Monique Hébrard, Philippe Warnier… que c'est bien « comme chrétien » que j'ai « des raisons particulières » d'être attaché à la laïcité, et que c'est encore comme chrétien que je revendique l'exercice du libre examen.

Je n'ignore pas l'histoire des Églises. J'ai dit le danger du fanatisme religieux, et je connais aussi les errements d'une certaine intolérance catholique. Raison de plus. Oui, puisque au long de l'histoire, la tradition chrétienne n'a pas assez reconnu à quel point le libre examen était essentiel à la démarche même de la foi, raison de plus pour œuvrer avec détermination. Comme les intellectuels catholiques de « Paroles », je pense que la laïcité est devenue aujourd'hui « la condition et l'expression juridique de l'acte de foi dans sa liberté fondamentale ». Je plaide donc, moi aussi, pour que l'on pratique, au sein même des Églises, et surtout de la mienne, les valeurs de la laïcité. Pour que s'y développent le respect des consciences, l'accueil de la pluralité, et pour que s'y instaure une véritable éthique du débat. Pas seulement une libre parole, mais une libre pensée.

Dogmatisme

Je devine l'objection. Et le dogme ? Et la Révélation ?

D'accord, je l'ai dit au départ : pour dialoguer, il ne faut pas réduire les rugosités et balayer d'un revers de manche de réelles difficultés. Et cela vaut pour les deux partenaires. Même sincère, même ardemment soucieux de laïcité, un chrétien peut-il sérieusement pratiquer le libre examen alors même que sa foi repose sur une vérité « révélée », c'est-à-dire extérieure à lui ? La vraie tension entre chrétiens et laïques ne reste-t-elle pas, *in fine*, une difficulté de réconciliation entre dogmatisme et liberté de pensée ?

J'entends la question mais je reste étonné.

Si la Révélation est un dépôt figé auquel on ne peut jamais rien ajouter, rien retrancher, alors oui, je mesure la difficulté et je partage la révolte de Camus contre une Révélation « qui frapperait de terreur un peuple rebelle ». La Tradition n'est alors qu'une répétition et la nouveauté une menace pour la « pureté » doctrinale. Mais quelle pauvre conception de la Révélation que celle-là, quelle mutilation. Comme si Dieu ne continuait pas à se révéler. Comme si on pouvait « arrêter » la Révélation. Comme si elle ne se frottait pas à l'histoire, à la culture. Comme si elle n'avait pas à devenir « mienne » et donc à se poursuivre en chaque conscience jusqu'à la fin des temps !

Suis-je à ce point privilégié ? Tout au long de ma formation, mes professeurs n'ont cessé de m'offrir ce visage dynamique de la Révélation et de m'enseigner aussi l'« évolution du dogme ». Ce n'était pas une pirouette théologique pour mieux faire passer la pilule, mais l'observation simple, tranquille, que l'affirmation dogmatique est toujours une affirmation provisoire, que le dogme est marqué par un temps, par une culture, par un contexte, par un mode de pensée et, souvent, par un combat. J'ajoute — c'est important — que la formulation dogmatique est supposée dire le consensus d'un moment. Non pas la lecture d'une hiérarchie « inspirée », mais la perception large de tout un peuple, la conviction d'une communauté. Le dogme est un coup de projecteur, un gros plan dont il ne faut surtout pas abuser. Il est une référence, une « mémoire vivante » qui ne supprime pas l'intelligence, le discernement critique, l'autonomie de jugement.

Le dogmatisme, c'est autre chose.

Le dogmatisme est partout, même en nous : c'est la tendance à s'appuyer sur des vérités que l'on considère comme définitives. Le dogmatique, « pour qui tout est prouvé, expliqué à jamais, n'est guère sensible à l'honnêteté des moyens », constate Jean Sulivan. Pour lui, « la vérité est comme une idole qui lui renvoie sa propre image. Il suffit que le système soit vrai, pourquoi se gêner [13] ? »

Maurice Merleau-Ponty qui a vigoureusement dénoncé cette attitude encourage à condamner le formalisme de la position dogmatique, mais sans oublier que « son tort n'est pas d'estimer trop la forme, mais de l'estimer si peu qu'il la détache du sens [14] ».

Dit-on assez que cet « amour de la vérité » qui objective, qui chosifie, qui transforme en objet de possession ce qui devrait plutôt nous posséder, est un amour idolâtre ? « L'idolâtrie est la forme secrète du refus. Cette vérité toujours fuyante, qui me tire au-delà, me déchire, l'enfermer une bonne fois dans son petit cercueil et qu'on soit tranquille, qu'on la découpe, qu'on la débite... Il y a des fidélités qui masquent des trahisons [15]. »

Ainsi, le dogme n'exclut pas l'interprétation personnelle. Les raisons de l'Église doivent devenir — ou non — *mes* raisons. La vérité doit faire ses preuves à travers le feu du débat intérieur et c'est bien la conscience qui, en ultime instance, décide d'un refus ou d'une adhésion. Même saint Thomas l'a souligné. Et on garde en mémoire la célèbre formule du cardinal Newman : « La conscience est le tout premier vicaire du Christ. » Encore faut-il éviter les malentendus. Chrétiens et laïques parlent-ils de la même chose lorsqu'ils utilisent le même mot ? Les uns et les autres auraient avantage à approfondir ces notions de conscience et de souveraineté de jugement afin de mesurer, ensemble, la révolution que représente l'avènement du libre examen.

Utopie

Je me construis dans une histoire.
Je grandis dans une relation.

Je change dans un affrontement.

Je me blesse.

Il m'arrive aussi de croiser un maître sur mon chemin.

Le mot n'est pas bien porté aujourd'hui, parce qu'il évoque le gourou et donc les adeptes. L'esclave n'est jamais loin. Moi, les maîtres auxquels je pense se tiennent à distance, à l'écart. Ils résistent. Ils sourient intérieurement. Ils font grandir et se retirent. J'en ai rencontré quelques-uns.

Celui dont je veux vous parler était libre penseur. Un des premiers : Érasme. Je vais y venir. Mais laissez-moi situer le contexte.

« Parce que les notions modernes de tolérance, de laïcité, de liberté et de conscience ne purent vraiment se développer qu'en dehors de l'Église romaine, écrit Jean Mouttapa — et même souvent contre elle, à travers la Réforme, la franc-maçonnerie, l'esprit des Lumières —, parce que la pensée libre fut amenée à s'affirmer face à l'hégémonie cléricale, on oublie souvent que les premiers humanistes furent de fervents catholiques, et que c'est au nom de l'Évangile qu'ils prônèrent le dialogue, le respect des différences, la concorde universelle[16]. »

Regardez Jean Pic de La Mirandole, ce jeune et brillant philosophe italien qui meurt en 1494 et dont Thomas More écrira la vie. A quoi rêvait-il, cet affamé de savoir convaincu que chacun a besoin de chacun et que la noblesse est offerte à tous ? Rien de moins que ceci : réunir les savants de toutes les disciplines et les fidèles de toutes les confessions, rapprocher Aristote et Platon, la Bible et le Coran et faire converger, pourquoi pas, Pythagore, la Kabbale et les Oracles chaldéens... Utopie, je vous entends bien ! Mais j'entends aussi les mots admirables que l'ami Jean Pic consacre à la grandeur de l'homme dans son *Oratio de hominis dignitate*. Écoutez. Dieu s'adresse à Adam : « Je ne t'ai donné ni visage, ni place qui te soit propre, ni aucun don qui te soit particulier, ô Adam, afin que ton visage, ta place, et tes dons, tu les veuilles, les conquières et les possèdes par toi-même. (...) Je ne t'ai fait ni céleste ni terrestre, mortel ou immortel, afin que de toi-même, librement, à la façon d'un bon peintre ou d'un sculpteur habile, tu achèves ta propre forme. »

N'est-ce pas de la libre pensée, cela ?

Pic de La Mirandole et Maître Eckhart sont en quête du même absolu, remarque Jean-Claude Bologne, « mais dans les deux sens opposés de la même échelle », l'un par addition, l'autre par soustraction. Et quand on compare « le savant intégral du Moyen Age et le spécialiste actuel du minuscule », un même vertige les réunit, car l'un et l'autre, par des chemins différents, fréquentent l'utopie et tentent d'éclairer l'infini.

L'utopie n'est pas une chimère, un mirage, une illusion. L'utopie est plus qu'un songe creux, qu'une rêverie d'inventeur solitaire. L'utopie — du grec *ou*, « non », et *topos*, « lieu » — c'est le « non-lieu », le « lieu-de-nulle-part » ou mieux : « ce qui n'a pas encore eu lieu ».

Pour éviter le « délire de l'utopie » autant que la « débilité du réalisme » qui sont, finalement, « les deux faces de la même impuissance », Maurice Bellet préfère le paradoxe d'« utopie réaliste », une façon d'allier la réalité et son déplacement. Ainsi l'utopie invite à précéder, à anticiper, à imaginer, à retourner le regard, à changer de lieu.

Thomas More à qui l'on doit l'invention du mot va reprendre l'utopie à son compte. Jusqu'à la rejoindre lui-même. Jusqu'à l'échafaud, le 6 juillet 1535.

L'ami d'Érasme est un grand politique et un grand déchiré : avocat, juge, député, ministre, il écrit aussi et se sent accablé face à toutes ses tâches. Catholique, il n'a pas attendu les imprécations de Luther pour décrire l'Église comme un corps de péché. Alors pourquoi cet entêtement face à Henri VIII ? Ses amis insistent. Ses proches le supplient. Qu'il signe ! Qu'il reconnaisse son roi comme le chef suprême de l'Église d'Angleterre. Il ne les entend pas. Ressemble-t-il donc à Socrate ? demande Maurice Schumann. « Socrate qui, lui aussi, obéissait aux lois, se méfiait des pièges de la révolte et, contrairement à Platon, ne rêvait pas d'une Syracuse où l'équité serait à l'image du mythe. Il fait penser au Phédon, et peut-être y pensait-il lui-même quand il réplique à ses juges : “Je ne fais de mal à personne ; je ne dis du mal de personne ; je ne pense aucun mal de personne. Et si cela n'est pas suffisant pour qu'un homme puisse vivre, de bonne foi je ne désire pas vivre.” »

« Mais Socrate n'est pas seul quand il boit la ciguë. » Thomas More, oui. Maurice Schumann le voit si près de nous, si proche de notre temps, qu'il se met à lui parler : « S'il te souvient de ce que tu as toi-même écrit et dit de l'évêque de Rome, n'en viendras-tu pas à blâmer ton propre entêtement ? Ne sais-tu pas que le Pape est, comme Henri VIII, un souverain temporel, dont l'autorité s'est dissoute parce qu'il a mis son pouvoir spirituel au service de ses possessions territoriales ? Ce n'est pas le vicaire du Christ, le successeur de Pierre que notre siècle humilie, mais le souverain. (…) Es-tu sûr de ne pas mourir pour la primauté d'un roi étranger, d'un autre roi sur ton roi [17] ? »

Rien n'y fera.

Dans la dernière lettre qu'il adresse à sa fille aînée, il

utilise dix-sept fois le mot *conscience*. C'est que pour Thomas More, entre le pouvoir spirituel et le pouvoir temporel ou, plus exactement, au cœur de chacun d'eux, il en existe un troisième, « celui de la conscience désarmée ».

N'est-ce pas encore de la libre pensée, cela ?

Le prince des humanistes

Voilà le pays d'Érasme. Le pays de Folie. Le pays des grands humanistes, More (Angleterre), Budé (France), Vives (Espagne), Colet (Angleterre), Mélanchthon (Allemagne), Pic de La Mirandole (Italie), Luther (Allemagne)... Le beau pays d'Europe. Un pays qui annonce, qui prépare et qui vit déjà la laïcité. Un pays traversé, jusqu'à la fin du siècle, par l'Humanisme et la Réforme. Et à la jointure, tentant parfois le grand écart entre les deux courants, Érasme cherche la vérité. Il la cherche vraiment, car pour lui, personne, jamais, ne pourra prétendre la détenir. Elle n'est pas scellée dans un dogme, elle n'est pas révélée à une autorité. Elle est en chemin, la vérité, fugace, fragmentaire, provisoire. Mais il faut la chercher.

Après un premier séjour à Louvain, entre 1502 et 1504, Érasme y revient en 1517 pour fonder, avec Jérôme Busleyden, le célèbre Collège des Trois Langues (le latin, le grec et l'hébreu), le premier du genre en Europe, qui servira de modèle au futur Collège de France. Manifestement, l'aventure démarre dans l'enthousiasme puisque, dès le départ, trois cents auditeurs libres assistent aux leçons. « Nulle part, confie Érasme, la jeunesse n'est aussi avide de belles lettres... tandis que les prophètes de l'ancienne ignorance [il veut dire les théologiens !] tentent vainement de s'y opposer. »

Pourtant, au début du siècle, les théologiens l'avaient plutôt bien accueilli. Mais lorsqu'ils apprennent qu'il a l'intention de publier une édition du texte grec dù Nouveau Testament, sacrilège ! Comme si la Vulgate latine ne suffisait pas ! Comme si la Tradition pouvait être mise en doute ! Le grec ! Voilà une langue parfaitement inutile...

Dans l'affaire des « Thèses » de Luther, les choses vont se gâter définitivement. Les théologiens sont pressés. Il ne s'agit pas de laisser se développer l'hérésie. Il faut agir vite, et bien. Érasme, lui, prend son temps. Il n'est pas nécessairement d'accord avec Luther mais il le respecte. Il veut d'abord s'informer, examiner, étudier les textes. Pas question de se prononcer dans la précipitation. Les théologiens sont déçus. Érasme aussi. Il les quitte en 1521 [18]...

Quatre cent soixante-quinze ans plus tard, les théologiens de Louvain ne lui en tiennent pas rigueur puisque l'un d'entre eux, Adolphe Gesché, dans un admirable *Éloge de la théologie,* se place sous les auspices du « prince des humanistes », tant il est vrai, dit-il, « que la théologie doit garder quelque chose d'un peu fou pour être raisonnable [19] ».

Folie théologique, folie humaniste, folie chrétienne... Érasme s'installe chez More pour y réfléchir et pour rédiger l'*Éloge de la folie* qu'il va dédier à son « cher Thomas Morus ». A la manière des humanistes, il joue sur les mots *Morus* et *moria* — la « folie », en grec — en exprimant ainsi sa délicate affection à l'égard de son cher Thomas le Fou. A Paris, la Bibliothèque nationale présente une gravure sur bois illustrant la première page de l'*Éloge de la folie* et intitulée *Folie parle.* Du haut d'une chaire universitaire, on y voit la Folie derrière ses grandes lunettes et ses beaux habits de docteur. Mais au pays d'Utopus, la toge ne fait pas le sage puisque *Éloge de la folie* dénonce avec véhémence la corruption du clergé, la superstition du peuple, l'aveuglement des gens raisonnables... Et quelle ironie pour ceux qui se prennent au sérieux et prétendent savoir quelque chose !

Luther n'est pas loin. Luther en qui le père Congar voyait « un des plus grands génies religieux de toute l'histoire ». Luther qui a tellement correspondu avec Érasme en qui il reconnaissait son maître. Qu'attend donc l'auteur de l'*Éloge* pour rejoindre le fondateur de la Réforme ? Luther aurait tant voulu. Il lui reproche de tergiverser, mesurer, peser, de trop ménager : « Tu n'es qu'un chercheur de subtilités, une anguille qui glisse, tu n'adoptes jamais franchement une position. » A quoi le doux Érasme va répondre, furieux : « Je sais que dans cette Église que vous appelez papiste, il y a beaucoup d'hommes qui ne me plaisent pas : mais j'en vois de semblables dans la tienne. Or on supporte plus légèrement les maux auxquels on s'est accoutumé. Je supporte donc cette Église jusqu'à ce que j'en trouve une meilleure, et elle-même est obligée de me supporter jusqu'à ce que je devienne meilleur » (Dans *Hypersaspistes,* réponse à Luther).

Quand j'entends Érasme, quand je le lis, quand je dialogue avec lui, j'ai l'impression de rencontrer un contemporain. Quatre cent soixante ans après sa mort, sa modernité ne cesse pas de m'étonner et je me dis que la brûlante actualité de sa pensée et de son combat pourrait bien réchauffer les grands débats qui s'annoncent au tournant du millénaire.

Que l'on songe, en premier, à son engagement radical en faveur de la paix. Il aurait pu signer des deux mains l'affirmation d'un grand militant pacifiste d'aujourd'hui, Jean-Marie Muller, lorsqu'il écrit : « L'antithèse de la foi, ce n'est pas l'incroyance, mais la violence[20]. »

Comme Luther, il est étonnant de découvrir l'importance qu'Érasme accorde à la pédagogie, son souci didactique, sa préoccupation de communication. Quelle soif de culture aussi, et quelle insistance sur l'éducation. Une culture et une éducation qui ne labourent pas seulement les « belles lettres », mais la grammaire, mais les sciences, mais les grands textes, au risque, quelquefois, de « christianiser » les auteurs étudiés, comme dans le *Banquet religieux* où Érasme fait dire à un de ses personnages : « Saint Socrate, priez pour nous ! »

S'agissant de l'Église et des institutions à réformer voire à remplacer, Érasme, le « fidèle », n'y va pas par quatre chemins. On se croirait en plein Concile Vatican II quand on l'entend souligner la place du « peuple de Dieu ». Et si, en définitive, comme son ami Thomas More, il choisit de se battre « à l'intérieur », ce « bon combat » ne lui vaudra pas la sainteté officielle mais la mise à l'index d'une partie de son œuvre. Reconnaissons que l'institution aurait dû faire preuve d'une belle tolérance pour canoniser l'*Éloge de la folie* !

Moderne, Érasme l'est encore dans la primauté qu'il accorde à l'Évangile, dans son « œcuménisme » quotidien et dans son insistance sur la liberté intérieure du chrétien. Car il ne faudrait pas s'y tromper. Cet homme irénique et même pudique était un vrai résistant. Sa devise est là pour en témoigner et, même au cœur de la tempête, il a su la mettre en pratique : *Nulli concedo,* « Je ne le cède à personne ».

Comment définir l'humanisme d'Érasme ? Une philosophie ? Pas vraiment. Une synthèse théologique ? Non. Mais une sensibilité, sûrement, une vision du monde, j'allais écrire une « laïcité », qui décide de faire large confiance à l'homme, à son autonomie, à sa créativité, à sa liberté. On pourrait presque appliquer à Érasme — pourquoi « presque » ? — ce que Maurice Schumann disait de Thomas More : « Plus il sait, plus il fouille ; plus il croit, plus il cherche. » Donc, une curiosité inlassable, une intelligence critique, un mélange d'enthousiasme et d'ironie, une volonté de réforme et, pour tout dire, une forme très élaborée de libre pensée.

Chrétien et libre penseur. Pourquoi l'association des deux termes fait-elle encore aussi peur ? A cause des origines, peut-être, parce qu'à la fin du XIXe siècle, les sociétés de libre pensée ont été portées sur les fonts baptismaux laïques par des parrains souvent proches de l'athéisme.

Aujourd'hui, observe Jacqueline Costa-Lascoux, « certains craignent une “laïcité matérialiste”, imposant une conception restrictive de la liberté de conviction ; d'autres redoutent une “laïcisation” indifférente aux religions qui efface la richesse d'une culture passée [21] ».

Mais n'est-ce pas la liberté elle-même qui fait peur ? Pas encore acquise et déjà à reconquérir. La « liberté de l'âme » dirait Thomas More, la plus redoutable de toutes, celle qui décape de l'intérieur et qui passe la foi au crible du libre examen.

Érasme en connaissait le prix. Il savait ce qu'il en coûte de respecter le travail de l'esprit. Et il aurait aimé la définition abrupte de Jean Sulivan : « L'esprit est “libre penseur” : qu'il obéisse et adore, mais qu'il soit libre, qu'il sache quand il s'agenouille[22].» Et qu'il ne cesse d'entretenir, avec la foi, un incessant combat.

La foi qui ne conduit pas à la libre pensée est une foi morte.

«DIEU SERAIT-IL LAÏQUE?»

J'entends déjà quelques amis libres penseurs : «Alors, vous voilà moins catholique que le pape mais plus libre penseur qu'un laïque!»

L'heure serait-elle donc à la redéfinition des frontières? Ou à leur confusion? On débat beaucoup depuis quelque temps, et on parle de plus en plus de «nouvelle laïcité», de «nouveau pacte laïque», d'une «laïcité plurielle», «ouverte», «créatrice», «généreuse»... Michel Rocard lui-même, confronté, comme Premier ministre, au difficile problème du foulard islamique, allait plaider devant le Parlement pour «une laïcité convaincante, persuasive et rayonnante».

A Lourdes, en 1987, monseigneur Vilnet, alors président de la Conférence épiscopale française, invitait très explicitement à cette «nouvelle laïcité.» Après avoir rappelé que l'Église, «interlocuteur et non régente», «ne doit pas être un groupe de pression», il ajoutait : «L'heure semble venue de travailler avec d'autres à redéfinir le cadre institutionnel de la laïcité.» Les institutions ont changé, poursuivait monseigneur Vilnet, et il y en a peut-être d'autres à inventer. Ne serait-ce pas le moment d'imaginer de nouveaux modèles de rapports entre les Églises et l'État? Poser la question ne remet pas en cause la laïcité ni le principe de la séparation, mais un certain modèle de fonctionnement de cette séparation. Et l'ancien archevêque de Lille de souligner, face à tant de questions neuves, le rôle positif que les Églises et les religions peuvent jouer dans la formation de l'esprit public. « À cet égard, le respect des consciences impose autre chose qu'une ignorance mutuelle ou même qu'une neutralité bienveillante. Dans une absolue loyauté par rapport à nos convictions chrétiennes, nous pouvons nous tenir prêts à chercher quelles sont les valeurs communes susceptibles de fonder le vivre-ensemble[23]. »

Deux ans plus tard, lors d'un colloque sur « Laïcité et débats d'aujourd'hui », le pasteur Jacques Stewart, à l'époque président de la Fédération protestante de France, insistait sur la « tension dynamique » entre laïcité et démocratie et précisait entre autres choses : « Le modèle démocratique qui nous vient de la révolution de 1789, et particulièrement de la Déclaration des droits de l'homme et du citoyen, est un modèle individualiste. Il définit essentiellement les droits des individus et ignore le droit social. Par suite, la laïcité impliquée par ce modèle a pour conséquence la non-reconnaissance ou l'ignorance des confessions religieuses dans leur spécificité. C'est le point de vue qui prévaut dans la loi de 1905 portant sur la séparation des Églises et de l'État. La loi de 1905 représente-t-elle le *nec plus ultra* de la laïcité démocratique ?

« Aux États-Unis, où le pluralisme religieux a été autrement vécu depuis trois siècles, la séparation des Églises et de l'État en 1791 s'est faite dans des conditions qui ont permis d'autres relations plus ouvertes. On pourrait aussi parler de la séparation des Églises et de l'État en Allemagne, etc. »

La loi de 1905 a assigné comme objet unique et exclusif des Églises l'entretien du culte, poursuit le pasteur Stewart, et de fait, « le rôle des chrétiens dans la société depuis la fin du XIXe siècle a changé. L'activité des Églises s'accomplit aussi dans l'action caritative, dans la solidarité, dans la formation au militantisme syndical, dans les mouvements associatifs, l'œcuménisme, etc. La formulation de la loi de 1905 n'est-elle pas à revoir ? C'est dire ici tout l'intérêt des dialogues qui se sont noués ces derniers temps entre la Ligue de l'enseignement et de l'éducation permanente et diverses communautés religieuses du pays [24] ».

Impressionnants, les clergés ?

« Dieu serait-il laïque ? » demandent Foulek Ringelheim et Jacques Sojcher, ou du moins « en voie de se convertir à la laïcité ? Et que pourrait-il advenir d'une laïcité honorée d'une telle recrue ? La laïcité n'a-t-elle pas tiré une part de sa substance d'une opposition dialectique à la religion ? Une laïcité veuve de toute religion suffirait-elle à satisfaire ceux qui se sentent en mal d'absolu [25] ? »

Manifestement, la position actuelle des Églises, des Temples, des Synagogues et même, quelquefois, des Mosquées, en intrigue plus d'un. « Faut-il se laisser impressionner par les clergés ? » interroge Michel Morineau, directeur des études à la Ligue de l'enseignement. Que signifient ces professions de foi d'« ouverture », ces propositions d'« adaptation », ces désirs de « négociation » et même ces frissonnements de conversion à la « nouvelle laïcité » ? Un peu comme si les religions étaient de mèche « pour demander, voire conquérir, un “espace religieux” dans l'espace public français[26] ».

A vrai dire, cette « laïcité nouvelle » n'est pas si neuve que cela, remarque Guy Haarscher : « Elle était déjà présente dans l'interprétation que donnaient les catholiques (notamment au MPR) de la laïcité constitutionnelle de 1946 et de 1958, c'est-à-dire dans l'idée suivant laquelle la liberté religieuse *prime* la laïcité-séparation, ce qui correspond d'ailleurs à la situation de la plupart des pays d'Europe. »

Fort bien, l'ouverture. Sans doute le mouvement de balancier était-il allé trop loin dans un sens. Mais que faire dans des situations comme celles que connaissent les États-Unis où des groupes fondamentalistes veulent introduire dans l'enseignement public un cours optionnel de biologie « créationniste », et cela au nom du pluralisme et de la liberté de choix ? Loin de Guy Haarscher l'intention de suspecter tous les tenants de la « nouvelle laïcité » de tels projets machiavéliques, mais « dans certains cas — qu'il ne faut pas généraliser —, le loup *est* dans la bergerie[27] ».

Les partisans sincères de la « nouvelle laïcité » doivent entendre ces réticences et comprendre cette vigilance critique car c'est l'activité citoyenne elle-même qui est en jeu. « Recoloniser » la sphère publique reviendrait à affaiblir la laïcité républicaine et, finalement, c'est l'État laïque lui-même qui en serait affecté. Cet affaiblissement, François Reynaert et Francis Zampani s'en disent déjà témoins, eux qui parlent d'une « grave crise d'anémie laïque » et déplorent la timidité coupable d'une République qui, à leurs yeux, renonce à professer une éthique, laissant ce soin à des « comités de sages ». Pour les deux journalistes, il ne faut pas se contenter de chercher un « consensus mou » entre les diverses familles de pensée. Jamais l'addition des thèses en présence ne fera une morale républicaine[28].

Jean Bauberot pense aussi qu'il faut retrouver « les vertus de la morale laïque », car la morale est devenue sauvage, dit-il, comme le capitalisme. Et pour sortir de cette situation difficile où « vide moral » et « ordre moral » s'entremêlent, « il nous faut — dans un débat démocratique augmenté — arriver collectivement à construire une nouvelle morale laïque ». Sans exclure les Églises, précise Bauberot, et sans se soumettre à leur autorité[29].

QUEL PLURALISME ?

Charles Péguy affirmait un jour que « nous naviguons constamment entre deux curés ». Il précisait même : « deux bandes de curés ; les curés laïques et les curés ecclésiastiques ; les curés anticléricaux et les curés cléricaux ; les curés qui nient l'éternel du temporel (...) et les curés qui nient le temporel de l'éternel[30] ».

C'était il y a cent ans...

Les « deux bandes » ont-elles vraiment remisé les armes au musée ? Les armures sont-elles aussi rouillées qu'on le prétend ? Comment éviter un affrontement aussi stérile que paralysant ? Allons-nous vraiment importer dans le siècle qui vient le vieux conflit entre les cléricaux du bénitier et les anticléricaux du flambeau ?

Je ne supporte pas le cléricalisme. Je ne supporte pas qu'une fraction — une faction ! — de la société prétende imposer sa vision à l'ensemble des citoyens. Je ne supporte pas qu'un groupe, d'où qu'il vienne, s'attribue « la légitimité et le monopole du discours vrai ».

Le cléricalisme sent le rance. Le cléricalisme respire la prétention. Le cléricalisme, hélas, n'est plus une spécificité cléricale. Le cléricalisme est une entreprise, parfois très subtile, de domination des consciences. Le cléricalisme n'est pas toujours visible à l'œil nu. Qu'on se méfie ! L'habit clérical fait de moins en moins le moine. Le cléricalisme n'est pas franc. Il joue de plus en plus souvent en coulisses.

On pensait l'avoir extirpé, mais il resurgit, là où on ne l'attendait pas. Je crois donc bien comprendre ce que vise l'ancien ministre belge, Jean Defraigne, lorsqu'il confie sa crainte des mainmises cléricales. « La laïcité, dit-il, ce n'est pas l'envahissement de l'État par toutes sortes de groupes. » Il importe donc d'être au clair lorsqu'on parle de pluralisme. Pas question d'un pluralisme des cléricalismes où chacun viendrait pondre son œuf dans le nid de l'État avec le secret espoir d'emporter la couvée ! Même sans volonté de domination, quel est le sens de cette simple juxtaposition ? Pour reconstituer ce tissu social dont on parle tellement, je ne crois pas à la tolérance plate, inodore, incolore, caoutchouteuse, qui consisterait à « juxtaposer les jardins intérieurs » sans les faire dialoguer sur le terrain socio-politique. Regardez les États-Unis où les minorités vivent côte à côte, les Portugais, les Italiens, les Chinois, les Noirs… Cette « mitoyenneté »-là ne risque-t-elle pas de confondre tolérance et indifférence, et de conduire, finalement, à une guerre des tribus ?

Comme Guy Haarscher, je suis très réservé à l'égard de ce *pluralisme de coexistence* que défendent, par exemple, les tenants de la *political correctness* sur les campus américains. Un pluralisme qui affaiblit la laïcité, car il refuse de se laisser « contaminer » par le regard de l'autre. Concrètement, cela veut dire que je viens à l'école avec mon foulard, oui, mais comme une « étiquette », comme un « drapeau », comme un « signe distinctif », en refusant a priori d'entrer dans le débat. Rien à voir avec l'attitude de Nabela Benaïssa, la sœur aînée de la petite Marocaine assassinée à Bruxelles il y a quelques années, lorsqu'elle affirme, sereine, et toujours soucieuse de s'intégrer : « Mon foulard, c'est ma liberté[31]. »

Je ne peux donc pas voir le cléricalisme en peinture ! La « cléricaille » aurait dit Clemenceau ! Et comme Gambetta, le 4 mai 1877, à la Chambre des députés, « je ne fais que traduire les sentiments intimes du peuple de France en disant du cléricalisme ce qu'en disait un jour mon ami Peyrat : Le cléricalisme ? Voilà l'ennemi ! »

Sacristies

L'isolationnisme, voilà l'autre ennemi ! Car je ne supporte pas plus l'enfermement dans les sacristies. Cantonner la foi religieuse à la seule « vie privée » est intenable. Que signifierait encore cette foi-là qui n'accompagnerait pas la pluralité de mes appartenances ? Que voudrait dire une foi-consolation qui ne vient rien déranger, rien interpeller, étrangère à mes engagements, à mes responsabilités, à mes amours, à mes combats ?

Je n'ai aucune envie de reconquête. Je ne parle pas ici d'« évangéliser ». Je revendique simplement d'être moi-même en public et je prétends qu'il y va de la solidité de la laïcité. Pour un chrétien sincèrement désireux d'engagement citoyen, il ne peut pas y avoir l'État en semaine et l'Église le dimanche. Il ne faut pas opposer artificiellement profession de laïcité et profession de foi. La position laïque pure et dure selon laquelle « l'espace public ne se partage pas » me semble conduire droit à l'impasse. Cette *laïcité-assimilation,* comme l'appelle Haarscher, ne fait pas droit à l'accueil des différences. On ne règle rien en décidant de laisser les foulards au vestiaire de l'espace public sous prétexte que l'État est seul habilité à engendrer du sens. Nier l'arrière-fond culturel que chacun porte en soi lorsqu'il intervient publiquement conduit, au mieux, à affadir la laïcité. Mais il y a pire. Cette étroitesse de vue pourrait rendre la société encore plus clivée et encourager les plus blessés voire les plus fanatiques à chauffer leurs convictions ailleurs.

Je comprends l'anticléricalisme. Je ne sais que trop d'où il vient. Il faut parfois une vie — peut-être plus ! — pour se débarrasser d'une éducation étouffante et gravement culpabilisante. Et se libérer de tant d'images mensongères de Dieu. Sans oublier que la dureté des luttes pour sortir de l'Ancien Régime a laissé des traces, y compris dans les récits. Il n'empêche qu'une question me poursuit : le monde laïque tente-t-il à suffisance de comprendre l'évolution récente du christianisme ? A-t-il vraiment pris en compte les changements intervenus dans l'Église catholique depuis Vatican II ?

Le ministre socialiste Alain Savary, relatant son passage à la tête de l'Éducation nationale, de 1981 à 1984, évoquait l'attitude de militants laïques auxquels il avait été confronté. A propos, précisément, de l'évolution de l'Église, il écrit : « Certains laïques ont voulu l'ignorer, d'autres la connaissaient mais ne voulaient ou ne pouvaient pas l'accepter, d'autres enfin, la connaissant, faisaient comme s'il fallait continuer à l'ignorer. »

Je ne demande pas aux laïques d'applaudir les Églises mais je les encourage à ne pas rester au balcon face au devenir des religions, car ce devenir-là pourrait les concerner de plus près qu'ils ne l'imaginent. L'éventuel progrès du fondamentalisme n'est pas à l'avantage de la laïcité.

Sur un autre plan, je m'étonne quelquefois de la place disproportionnée que certains laïques peuvent accorder aux gestes et déclarations « officiels » en méconnaissant, souvent, l'agir quotidien des chrétiens. Ainsi, j'ai souvenir d'un débat auquel m'avaient convié les étudiants de l'Université libre de Bruxelles. Le thème : « Valeurs chrétiennes et valeurs laïques : quels chemins communs ? » Une fois les exposés terminés, et pendant plus de trois quarts d'heure, les participants m'ont interrogé sur… le pape. A la fin, un peu fatigué, je leur ai signalé que le pape ne m'avait jamais empêché de dormir en paix mais que, manifestement, il dérangeait beaucoup plus leur sommeil à eux !

Les laïques n'ignorent certainement pas le combat de celles et ceux que le professeur liégeois François Perin appelle les « post-chrétiens libres ». Mais quelle force représentent-ils ? entend-on souvent demander. Mis en lumière devant les incroyants, ne sont-ils pas un alibi, l'arbre qui dissimule une forêt de conservatisme et d'intolérance ? Pour ma part, et sans vouloir tirer trop facilement la couverture dans un sens qui me convient, je ne sous-estimerais pas le poids spirituel et même politique de ces chrétiens d'ouverture et de dialogue, sincèrement désireux de dépasser des clivages surannés et de rencontrer une laïcité positive dont ils pensent qu'elle a beaucoup à leur apporter.

Gris fort

Entre les « envahisseurs » et les « exilés », entre le cléricalisme et la sacristie, il y a place pour une conception forte, structurante, du pluralisme. Ce que Ricœur appelait un jour un « gris fort », soulignant par là que le véritable choix aujourd'hui — c'est vrai pour la décision éthique comme pour la construction laïque — ne se posait pas tellement entre « noir » et « blanc » mais entre « gris » et « gris ». Inventer ce « gris »-là, et en faire une couleur vivante, personnelle, reconnaissons que ce n'est pas facile. Car la frontière est bien plus mouvante qu'on ne l'imagine entre le public et le privé, et donc entre le religieux et le laïque. Une frontière éminemment culturelle et sans cesse à réinterpréter. D'où un véritable casse-tête pour l'État : gérer les libertés en liberté[32].

En Europe, cette gestion-là prend des colorations différentes d'un pays à l'autre, et le « gris » peut varier en fonction de l'histoire.

En France, Jacqueline Costa-Lascoux a bien montré comment « les métamorphoses de la laïcité se sont produites à l'exemple des différentes générations des droits de l'homme : la première, strictement politique et institutionnelle, pour s'ouvrir ensuite à l'extension sociale des droits et enfin à leur dimension culturelle. La laïcité est ainsi passée du principe de séparation à la neutralité, pour atteindre désormais la maturité du pluralisme démocratique[33] ». Au plan scolaire, éducation religieuse confessionnelle et enseignement public sont clairement séparés.

En Allemagne, les Églises font officiellement partie de la vie publique et jouissent d'une totale autonomie d'organisation. Ce sont des « corporations de droit public » dont les statuts font l'objet d'accords avec les Länder voire avec l'État fédéral. La religion est une discipline scolaire à part entière et intégrée comme telle à l'enseignement public. Une religion présentée de façon ouverte, tolérante, et soucieuse de concourir, comme les autres branches du savoir, à la formation citoyenne.

La situation anglaise paraît, à maints égards, assez particulière puisqu'en Grande-Bretagne on rencontre des écoles confessionnelles à l'intérieur même de l'enseignement public. En rigueur de termes, l'Église anglicane n'est pas « d'État », comme au Danemark par exemple, mais elle dépend de l'État et se trouve sous contrôle parlementaire ; mais un contrôle « entre pairs » puisque vingt-six évêques représentant l'épiscopat anglican siègent à la Chambre des Lords.

La Belgique, pour sa part, connaît un pluralisme institutionnel pour le moins singulier. Au fil de l'histoire, les différentes convictions et familles de pensée se sont organisées en « piliers » socio-idéologiques, pour former ce que l'on appelle la « pilarisation du pays ». Concrètement, cela veut dire que la relation à l'État « transite » par l'appartenance à des groupes intermédiaires : réseaux scolaires, hospitaliers, sociaux, associatifs… Si on ajoute la variable linguistique, on imagine le nombre de croisements, des syndicats chrétiens francophones aux mutualités socialistes flamandes… Le système conduit à des luttes pour des « parts de marché » et peut encore réveiller bien des « cléricalismes », tant laïques qu'ecclésiastiques, ce que *La Revue nouvelle* résumait dans un raccourci abrupt qui se voulait aussi un engagement : « Mitoyens ou citoyens. Pour en finir avec les piliers[34]. »

La laïcité « à la belge » existe donc bel et bien et même doublement puisque à côté du « pilier laïque », l'État, neutre, se doit de l'être aussi, même s'il accorde des subsides à diverses confessions. A l'intérieur de chacun de ces « piliers », le pluralisme de fait se trouve de plus en plus affirmé. Cela donne-t-il un bon pluralisme global ? Cela n'affaiblit-il pas singulièrement l'État ? Certains, aujourd'hui, y compris dans le monde politique, se demandent si l'heure n'est pas à la recomposition de la société civile sur de nouvelles bases : un peu moins de mitoyenneté pour un peu plus de citoyenneté.

Quels que soient les histoires, les cultures, les traditions juridiques et donc les modes d'organisation étatique, il importe de consolider le « gris fort », c'est-à-dire d'organiser une *laïcité d'intégration* comme dit Haarscher, où tout est soumis à discussion, où les problèmes religieux ou culturels apparaissent tels qu'ils émergent du métissage de la société. Cette laïcité-là, « basée sur l'éthique du débat », se nourrit des différences « en les brassant, les métissant, les universalisant, sans surtout se laisser "coloniser" par elles[35] ».

Cette laïcité d'intégration, j'aime entendre Ricœur l'appeler *de confrontation*. Le terme est plus dur mais il dit bien le génie auquel est appelé un État laïque : réussir à concilier des exigences difficiles et même, quelquefois, contradictoires. Il s'agit donc bien de dépasser une neutralité, même bienveillante, pour accueillir positivement la pluralité des explications du monde. Ce faisant, l'État ne se tient pas au balcon. Il ne joue pas le simple « réceptacle » ou la courroie de transmission, et il est beaucoup plus qu'un arbitre. Il ne lui appartient pas seulement de soutenir les différentes convictions, et de leur permettre de se traduire en actes, mais de s'en inspirer et de les faire dialoguer, les unes par rapport aux autres, et de proposer un sens qui, à la fois, les rejoigne et les dépasse.

En échange — et c'est bien en quoi il est heureux de parler de « contrat » — les Églises, religions, et autres « convictions », si elles veulent garder (ou obtenir) le droit de s'exprimer publiquement, doivent s'engager à l'égard de l'État. En d'autres termes, elles doivent donner la preuve de leur fidélité républicaine. Et je ne crois pas forcer le vocabulaire en parlant d'une Église citoyenne, si l'on veut bien entendre par là ce qui lie les individus par-delà leurs appartenances.

Amplitude

La laïcité n'est pas un concept figé, mais une réalité plurielle, vivante, dynamique. Son visage s'est buriné au fil des combats. Elle ne s'est pas arrêtée en chemin et son parcours continue car la défense du pluralisme démocratique, le respect des droits de l'homme, la liberté de conscience restent plus que jamais d'actualité.

Mais précisément, la montée des intégrismes et des fondamentalismes, l'efflorescence des sectes, l'éclatement des particularismes, les discriminations, les exclusions, le racisme... l'interpellent au plus profond. Et comme le souligne fort à propos Jacqueline Costa-Lascoux, « si la laïcité est familière du débat d'idées, elle reste démunie face aux violences d'un autre âge ». Aussi suggère-t-elle à la laïcité une double amplitude pour faire face à ces nouveaux défis : développer la pédagogie des droits de l'homme en osant les entendre jusque dans leurs dimensions culturelle et symbolique, et penser la diversité des convictions dans le pluralisme le plus ouvert.

Amplitude. Voilà le mot clé. Car c'est bien d'*étendue* qu'il s'agit, et d'une *courbe à parcourir*.

La laïcité est mouvement. La laïcité est avancée. La laïcité est générosité. La laïcité est liberté. La laïcité est aussi une chance et une urgence et il est fondamental de la renforcer.

Mais la laïcité aura toujours à se laïciser, comme le précise Jean Baubérot, et à se reconstruire dans une dialectique. Car elle ne doit être ni trop forte ni trop faible. Trop forte, elle deviendrait dominatrice et ne permettrait pas aux différentes sagesses et confessions de respirer à leur aise. Trop faible, elle n'arriverait plus à créer le lien social qui est à la base même d'une société pluraliste. Or c'est là qu'on l'attend : dans cette capacité de va-et-vient qui lui permet à la fois de fonder l'identité commune et d'accueillir la particularité.

UNE HISTOIRE DE PORCS-ÉPICS

Cette question d'amplitude, de confrontation, de « gris fort », de bon ajustement entre le public et le privé me fait penser à l'histoire que racontait le philosophe Arthur Schopenhauer.

Un jour d'hiver particulièrement glacial, les porcs-épics d'un troupeau se serrent les uns contre les autres afin de se protéger du froid par leur chaleur réciproque. Seulement voilà : douloureusement gênés par leurs piquants, ils ne tardent pas à reprendre distance. Obligés de se rapprocher à nouveau en raison du froid persistant, ils éprouvent, une fois de plus, le désagréable contact de leurs épines naturelles. Et ce petit jeu d'éloignement et de rapprochement va encore se poursuivre, conclut Schopenhauer, jusqu'à ce qu'ils trouvent une distance convenable et se sentent enfin à l'abri des maux.

Voilà une assez belle définition de la vie conjugale : trouver une distance convenable ! Mais peut-être vaut-elle aussi pour la relation entre chrétiens et laïques et pour la manière d'établir le meilleur rapport entre la société civile et l'État. Car ce n'est pas péjoratif une « distance convenable ». Pas même étroitement réaliste. A condition, dirait Rilke, que les deux partenaires deviennent capables d'aimer cette distance qui les sépare, et grâce à laquelle chacun des deux aperçoit l'autre entier, découpé sur le ciel…

TROISIÈME PARTIE

TRAVERSER LE CHRISTIANISME

« LE NOYÉ LE PLUS BEAU DU MONDE »

Peut-être connaissez-vous cette étonnante et très courte nouvelle de l'écrivain colombien Gabriel Garcia Marquez : *Le noyé le plus beau du monde* [1]. Un noyé très grand qui va soudain ranimer les conversations dans ce village de pêcheurs où l'on ne se parlait presque plus. Car chacun y va de sa question, les femmes surtout. D'où vient-il ? Quel est son nom ? Comment était le son de sa voix ? Et ses mains ? Ont-elles caressé ? Combattu ? Construit des maisons ? Joué avec les enfants ?

« Plus tard, écrit Garcia Marquez, quand elles lui couvrirent le visage avec un mouchoir pour que la lumière ne le gênât pas, elles le virent si définitivement mort, si fragile, si semblable à leurs époux, que les premières lézardes des larmes s'ouvrirent dans leur cœur. » Quant aux maris, eux, ils devenaient jaloux du noyé…

Le christianisme serait-il devenu — ou en passe de devenir — « le noyé le plus beau du monde » ? La question ne cesse de préoccuper et le chercheur David Barett a répertorié, rien qu'en anglais et au cours de ce siècle, plus de deux cents ouvrages consacrés à sa disparition…

Qu'a-t-il construit, le christianisme, durant deux millénaires ? Qu'a-t-il combattu ? Qu'a-t-il aimé, caressé ? Quand lui est-il arrivé de jouer avec les enfants ? L'interrogation des femmes en bordure de mer rejoint la préoccupation de beaucoup aujourd'hui. Et peut-être le temps n'est-il pas si loin où les plus jeunes surtout demanderont : « Comment était le son de sa voix ? »

Rendez à César

Lors du premier Concile du Vatican, réuni par Pie IX en 1869, la question de l'infaillibilité ne figurait pas à l'ordre du jour. En convoquant ce vingtième concile œcuménique, le pape voulait surtout adapter la législation ecclésiastique datant du Concile de Trente (XVIe siècle) et renforcer « la lutte contre les erreurs de ce temps ». Mais très vite, dès les premières séances, les ultramontains, plus catholiques que le pape, obtinrent l'inscription de la question. Le climat était tendu, le débat difficile. Les modérés tentent bien d'introduire certaines modifications, mais sans réussir à rallier les opposants. La veille du scrutin, pour ne pas avoir à voter contre le pape, cinquante-cinq « irréductibles » vont quitter Rome, dont l'évêque d'Orléans, monseigneur Dupanloup. C'est ainsi que la constitution conciliaire, *Pastor aeternus,* qui définit le dogme de l'infaillibilité pontificale, sera adoptée le 18 juillet 1870 par 553 voix contre 2.

Deux jours plus tard, la guerre éclatait, les évêques se séparaient et le pape suspendait le Concile.

Deux mois plus tard, les troupes du roi Victor-Emmanuel s'emparent de Rome. La ville est aussitôt proclamée capitale de l'Italie. Pie IX, lui, ne l'entend pas de cette oreille et crie au monde entier son indignation. Il s'enferme au Vatican où il se déclare prisonnier et refuse toutes les propositions du gouvernement italien qui reconnaît pourtant sa souveraineté spirituelle. Il ne cédera pas ! Pendant plus d'un demi-siècle, la question romaine ne cessera d'agiter l'opinion catholique, d'empoisonner la vie politique italienne, de brouiller les relations du Saint-Siège avec de nombreux gouvernements. Il faudra attendre la signature des accords du Latran entre le cardinal Gasparri et Mussolini et la création de l'État du Vatican en 1929 pour qu'enfin les esprits se calment...

« Finalement la perte fut un gain, écrit Jean Sulivan, l'opération brutale se révéla salutaire. Pie IX ne devait l'apprendre qu'une fois lui-même dépouillé de son corps. Depuis cent ans les papes auraient eu plusieurs fois l'occasion de perdre leurs États... Il est peut-être possible de trouver dommage que Pie IX n'ait pas eu l'idée de prendre l'initiative de rendre à César ce qui est à César... Quel choc, quel scandale fécond, quelle lumière capable d'éclairer les ténèbres de plusieurs siècles de confusion, si un pape, dans la foi pure, eût réalisé ce décrochage paradoxal que des hommes de gouvernement font quelquefois par politique... "Si l'on te prend ton manteau, donne encore ta tunique."[2] »

Peut-être n'est-il pas trop tard ?...

Un monde post-chrétien

L'infaillibilité, la *question romaine*... Les Églises chrétiennes ont l'impérieux devoir d'assumer leur passé et d'oser rendre publique une histoire où la mystique ne doit pas camoufler le plus noir de la politique : l'Inquisition, les guerres de religion, les génocides, les croisades ou le serment antimoderniste font partie de la même histoire que le combat en faveur du développement des sciences, la théologie de la libération et le miracle, souvent secret mais quotidien, de la charité. Il n'est pas facile d'encaisser à la fois saint Thomas, Torquemada et Thérèse d'Avila.

Cette histoire lumineuse et sombre, Jean Delumeau ne cesse de la parcourir à travers ses enquêtes sur la peur, le péché, le paradis, le bonheur, et il dit sa conviction que l'image d'un Dieu vengeur et punisseur a fait de véritables ravages. Le pessimisme augustinien, la confession obligatoire où il fallait détailler ses fautes, l'insistance sur l'enfer et sur la damnation… voilà qui a traumatisé des générations entières, insiste le professeur Delumeau qui voit là un facteur décisif d'une déchristianisation dont les racines sont anciennes et puissantes. Souvenez-vous, dit-il, de cette phrase cinglante de Diderot qui traduit à elle seule le climat d'une époque : « Il n'y a pas de bon père qui voulût ressembler à notre Père céleste. » Est-il sûr que cette période soit si loin de nous ? demande encore Jean Delumeau[3].

Loin, non, mais en un quart de siècle, quelle révolution pour le christianisme, et pas seulement dans les mœurs mais aussi sur le plan intellectuel. Le catholicisme englobant a été emporté en une génération et le voilà déjà oublié par ceux qui n'ont pas connu ce temps si proche. Mais cette « Ère postchrétienne » dont parle Émile Poulat, qui voit à la fois la fin d'un style de vie ecclésiastique et d'un mode de pensée dominé par les Églises, découvre en même temps l'apocalypse d'Hiroshima et la domestication de l'énergie nucléaire, le premier homme sur la Lune et l'exacerbation des nationalismes, la coopération au développement et le développement de la misère… « Un autre monde en vérité, mais un monde à deux faces : celui de l'expansion qui façonne la grande aventure démiurge de l'humanité ; celui de la déréliction où sévissent nos modernes plaies d'Égypte : la faim, l'enfermement, la torture, la terreur, l'exode, l'abêtissement, la désespérance… Ces deux expériences ont conjugué leurs effets : que faire et que dire en ce monde, qui parle vraiment et soit à la mesure de toutes ces situations au lieu de paraître dérisoire et insignifiant[4] ? »

Que faire et que dire ? Car il ne faut pas s'y tromper : le monde moderne n'est pas simplement dans une phase d'émancipation adolescente par rapport à une Église autoritaire, intransigeante et inaudible. C'est pour lui-même et en pleine autonomie qu'il avance. « Le tragique, c'est que l'Église n'est plus à la taille de ce monde[5]. »

D'un point de vue sociologique, les faits et les chiffres donnent raison à Poulat. Inutile d'encombrer la réflexion de statistiques qui soulignent régulièrement la désertion croissante des églises en signalant, a contrario, l'émergence de phénomènes récents comme les groupes de « recommençants » ou l'augmentation des baptêmes d'adultes. Ces données, quelles qu'en soient les interprétations, ne doivent pas occulter le déclin qui marque aujourd'hui la figure historique du christianisme occidental, ce qui fait écrire à François Perin que d'ici peu « la sainteté chrétienne (…) en sera réduite à tenir par la main quelques agonisants abandonnés dans de sordides mouroirs[6] ».

Mais de quel déclin parle-t-on ? Qu'est-ce qui est visé ? Le christianisme ou ce qui défigure le christianisme ?

« Vient un temps, quand le van de l'histoire entre en mouvement, que ce qui était chrétien se retrouve profane. On dit que la religion s'en va, que la foi baisse. Or ce n'est là qu'un fait, ni pour ni contre Dieu[7]. » Et le fait, c'est que nous sommes bel et bien dans un monde post-chrétien. C'en est fini pour le christianisme de régenter l'espace public, et c'est très bien ainsi. Il n'empêche que la question de son avenir reste posée. En d'autres termes, ce christianisme que l'on dit « usé » et « fatigué » peut-il encore apporter quelque chose d'original au sein d'une civilisation à ce point technicienne, pragmatique et matérialiste ?

Je m'en voudrais de répondre trop précipitamment, mais je trouverais tout aussi léger de rejeter à la mer « le noyé le plus beau du monde » sans autre forme d'interrogation. Lorsqu'on voit à quel point notre époque ressemble à celle de l'Évangile, peut-être ne faut-il pas sous-estimer a priori ce que le christianisme, renvoyé à sa fragilité première, pourrait apporter de fort, de décisif, dans une civilisation de l'action.

UN SENS PARMI LES SENS

Je garde en mémoire l'image utilisée par Willigis Jäger, prêtre catholique et maître zen, que rapporte Christiane Singer. Imaginez, dit-il, un cadran de vingt-quatre heures figurant la vie de l'humanité. Toutes les grandes religions que nous connaissons, dont nous parlons aujourd'hui, y apparaîtraient dans les cinq ou six dernières secondes, et le christianisme dans les deux ou trois dernières[8].

Peut-être faut-il partir de là. Le christianisme est récent. Le christianisme est inachevé. Le christianisme est incomplet. Le christianisme est relatif au sens où Michel de Certeau dit qu'il n'est qu'une particularité dans l'histoire des hommes[9]. Les chrétiens mesurent-ils vraiment la rupture que cela représente ? Non seulement pour les discours, mais pour les pratiques et pour l'avenir même des institutions[10]. « Affrontée soudain à ce monde immense et autre, dont elle avait cherché très longtemps à se protéger, la conscience chrétienne catholique ne pouvait manquer d'être prise de vertige : le vertige de l'ouverture[11]. »

Ce constat n'est pas neuf. La rencontre des cultures et l'histoire comparée des religions permettent aujourd'hui de mieux mesurer en quoi le christianisme n'a jamais été qu'un éclat de vérité parmi d'autres, un sens parmi les sens… Mais ce qui a changé, surtout du côté occidental, c'est que le christianisme n'est plus perçu comme indispensable à la bonne marche de la société. L'aventure humaine peut avancer sans lui. L'exigence morale peut être élevée en dehors de lui.

Pourtant, lorsqu'elle a dû renoncer à son pouvoir temporel, l'Église romaine aurait bien voulu le reconvertir sur le terrain spirituel. Le jour où l'État cessait d'être son bras séculier, n'a-t-elle pas souhaité devenir le bras spirituel du nouvel ordre mondial ? demande Charles Antoine[12]. Mais il n'y a pas de nouvel ordre mondial du sens. Le christianisme n'est pas seul à occuper le champ de la conscience. Le « soin de l'âme » n'est pas un domaine réservé et le « supplément » qu'il a parfois revendiqué en cette matière apparaît aux yeux de beaucoup comme une prétention injustifiée. En ce siècle de totalitarisme, remarque Albert Bastenier, « on ne sache pas que les chrétiens furent les premiers et les seuls à s'opposer à la Shoah ou au goulag».

Serait-ce donc le moment de raser les murs et de ne plus sortir qu'à la tombée de la nuit?

Je n'invite pas au profil bas. Je n'encourage pas à la résignation. Encore moins au fatalisme. Et si l'autocritique met à l'école d'une sereine modestie, l'autoflagellation n'a jamais fait partie de mes pratiques ascétiques! Je ne renie donc pas une compétence chrétienne, et une pertinence, y compris face à certaines questions brûlantes et difficiles de la société contemporaine. Je n'ai pas une vision minimaliste de l'avenir chrétien. Je dis une chose simple : le sens est multiple, la conviction plurielle et l'avenir est à la conjugaison des particularités.

Plusieurs grandes mythologies circulent dans le monde, des «récits». L'Évangile en est un. Il raconte une aventure inaugurée sur les routes de Galilée il y a deux mille ans.

Je crois cette aventure originale. Elle vient à peine de commencer et elle ne concerne pas que les seuls chrétiens.

Pour alimenter la *seconde humanité* dont parle Maurice Bellet et pour que le puits du sens ne vienne pas à s'assécher, je lance, avec d'autres, une invitation qui me paraît déterminante : partageons nos récits.

LE POÈME DE L'ÉVANGILE

Imagine-t-on une vie sans récit?

Je suis frappé de voir à quel point l'art de conter qui

semblait tombé définitivement en désuétude refait surface ici ou là. Résurgence folklorique ? Volonté de fuir la dureté d'un système trop fermé ? Désir de rejoindre ses racines, de se rencontrer, soi, de se raconter ? Et s'il ne s'agissait là que de derniers soubresauts ? Peut-être sommes-nous à la fin d'une ère où raconter n'a plus de place, s'inquiétait Walter Benjamin, parce que « les hommes n'ont plus d'expérience à partager ». « Et pourtant... Et pourtant. Peut-être faut-il, *malgré tout,* faire confiance », encourage Paul Ricœur. Confiance à l'attente des lecteurs, des auditeurs. Confiance à la demande de concordance. Confiance au surgissement de nouvelles formes narratives. « Car nous n'avons aucune idée de ce que serait une culture où l'on ne saurait plus ce que signifie *raconter*[13]. »

Mais qu'est-ce qu'un récit ? « Une sorte d'exploration dans laquelle on se lance », répond Grosjean. C'est ce que dit en tout cas une vieille tradition du Proche-Orient. On ne peut donc rien « tirer » d'un récit : ni un tableau, ni une définition. « Pourtant, quand on le lit, quand on le dit, on le vit, un sillon se creuse en nous[14]. »

L'Évangile est un récit.

Si on ne part pas de là, si on ne rappelle pas cette réalité élémentaire, que peut-on comprendre de Jésus, du christianisme ? Et ne risque-t-on pas d'engager sur de fausses bases le dialogue entre laïques et chrétiens ?

Dire de l'Évangile qu'il est un récit, un *muthos,* qu'il comporte donc des personnages, une intrigue... laisse entendre qu'il ne faut pas le confondre avec une doctrine, un système idéologique, un traité de morale. L'Évangile n'est même pas un recueil de valeurs : les fameuses « valeurs évangéliques » que les chrétiens seraient supposés devoir mettre en pratique. Comme l'ami Piem, le caricaturiste, j'ai parfois envie d'écrire sur ma porte : « Attention, valeurs ! » Autrement dit, on ne résume pas le chapitre 15 de saint Luc. Le résumer, c'est le détruire. Et de fait, comment résumer les paraboles de la brebis retrouvée, de la pièce retrouvée, du fils retrouvé… sans les détruire. Les relire, sûrement. Les réécrire, peut-être. Les résumer, c'est les assassiner.

Trois coupures

L'Évangile n'est pas un simple récit. Il est un récit amoureux. Et comme tout récit amoureux, il s'inaugure par une coupure, une séparation, une distanciation. Il faut une distance entre deux peuples, entre deux civilisations, entre un chrétien et un laïque, entre un homme et une femme… Refuser la distance, c'est vouloir la confusion, l'in-ceste, c'est-à-dire la non-coupure.

La première coupure, la coupure inaugurale, sépare les amants du monde ordinaire, explique Yves Prigent[15]. « En tombant amoureux, on laisse aussi tomber une foule de liens hier encore très étroits avec une famille, des amis, des proches ; mais aussi des usages, des habitudes, un style de vie, une manière "d'être au monde". »

Mais il est une seconde coupure, « sans doute plus radicale encore et plus fondatrice d'histoire ». Plus douloureuse aussi. Au fil des heures et des ans, les amants vont se découvrir étrangers l'un à l'autre, et mesurer surtout que cette étrangeté, que cette différence ne se réduit pas, malgré la proximité. S'ils ont assez de lucidité courageuse, ils se souviendront peut-être alors de la coupante parole biblique. Dans le livre de la Genèse, Dieu, après avoir séparé la lumière et les ténèbres, le ciel et les eaux, la terre et la mer, les espèces vivantes les unes des autres, culmine cette œuvre de différenciation en créant l'homme à son image mais, selon le tranchant du texte biblique lui-même : « homme et femme il les créa ».

Une troisième coupure, « encore plus intime », traverse le cœur des amants, « les divisant en eux-mêmes ». Cette fois, c'est à l'intérieur que l'histoire les poursuit, sous le toit de chacun, là où les murs se fendillent, là où « Je est un autre » disait Rimbaud, où je m'étonne de me découvrir étranger, où je me surprends d'avoir besoin de tant de courage, où je m'engage sur un chemin que je n'avais pas prévu.

Les trois coupures du récit amoureux, je les retrouve dans l'Évangile.

La coupure inaugurale ne cesse d'accompagner le texte, du début à la fin. A douze ans déjà, Jésus s'arrache aux siens, puis à trente, à trente et un, à trente-deux… « Qui sont ma mère et mes frères ? » Ce déracinement fondateur, qui coupe, qui invente, qui envoie, qui retourne, qui guérit, qui inaugure… combien sont-ils à en faire l'expérience tout au long du chemin ? : « Venez », « Laissez-là vos filets », « Descends vite », « Suis-moi », « Ouvre-toi », « Réveille-toi »… Et comme les amants, ils et elles vont laisser tomber des liens, des usages, des habitudes, des amis. Leurs couleurs vont changer, et leurs regards et leurs pensées : « Regardez les oiseaux du ciel », « Restez en tenue de service », « Prenez… Mangez… », « Venez déjeuner », « Heureux »…

La coupure seconde frappe au cœur de la fidélité. Par-delà l'éblouissement elle dit le temps, elle raconte l'ordinaire, elle révèle la tension, elle découvre l'usure, l'étrangeté. Et si nous nous étions trompés ? « Quel est cet homme ? » « Qui es-tu ? » « Qui dites-vous que je suis ? » « Qui peut continuer à l'écouter ? » « Pourquoi parles-tu en paraboles ? » « Pourquoi avez-vous peur ? » « Ne comprenez-vous pas encore ? » « De quoi discutiez-vous ? » « Vous ne savez pas ce que vous demandez »...

La deuxième coupure confronte au scandale, c'est-à-dire — *skandalôn* — au *piège,* à l'*obstacle.* Dans *scandale,* la racine sanskrite S.K. est bien attestée, qu'on retrouve dans l'hébreu *mikhshol,* dans le latin *ascendere.* Il s'agit donc de *monter.* Mais Pétros — Pierre — ne veut pas que Jésus monte à Jérusalem et il devient, au sens propre, « pierre d'achoppement ». Qu'on se rappelle ce dialogue pathétique au moment où Jésus annonce sa passion : « Non ! Cela ne t'arrivera pas ! » Mais lui se retourne et dit à Pétros : « Pars loin de moi, Satân ! Tu m'es un trébuchement [16] ! » (Matthieu 16, 23).

La deuxième coupure appelle à traverser le trébuchement, à surmonter l'incompréhension, à supporter le paradoxe, à accueillir la pesanteur humaine et à comprendre qu'elle durera jusqu'à la fin. Voilà l'heure du vrai courage. Voilà le temps de la dure solitude. Voilà les jours du grand amour. « Seuls ceux qui n'ont jamais aimé n'ont pas connu l'étonnement ébahi devant telle réaction, tels propos ou attitude de celui-là, de celle-là dont on partage les jours et les nuits [17]. »

La coupure intime, la troisième, la plus secrète, peut-être la plus forte, sûrement la plus angoissante, n'apparaît pas seulement à la fin du chemin. Ce n'est pas une affaire chronologique. Elle ne vient pas après, mais pendant, tout au long. Parfois, elle est lancinante, elle s'insinue. A d'autres moments, elle tempête. Souvent, elle bouleverse. Il arrive qu'elle désespère. « Même si tous tombent, eh bien pas moi», «Serait-ce moi?» «Je ne connais pas cet homme», «C'est par un baiser que tu me livres?» «Quel mal a-t-il donc fait?» «Comment un homme pourrait-il naître s'il est vieux?» «Qui est le plus grand?» «Tu ne réponds rien?» «Mon Dieu, pourquoi?» «Si possible, écarte cette coupe»...

Même Paul, saint patron de tous les agités chroniques, comme l'appelle Jean Grosjean, Paul, le converti m'as-tu vu-m'as-tu entendu, reconnaît humblement cette coupure : «Effectivement, je ne comprends rien à ce que je fais : ce que je veux, je ne le fais pas, mais ce que je hais, je le fais» (Rm 7, 15). «M'aimes-tu?» demande Jésus à Pierre. Trois fois. Et trois fois Pierre répond : Oui. Mais oui. Bien sûr que oui. Tu le sais. «Va, dit Jésus. Pais mes brebis, mais rappelle-toi : quand tu étais jeune, tu nouais ta ceinture et tu allais où tu voulais; lorsque tu seras devenu vieux, tu étendras les mains et c'est un autre qui nouera ta ceinture et qui te conduira là où tu ne voudrais pas» (Jean 21, 18).

J'écoute une dernière fois Yves Prigent me parler du récit amoureux et j'y entends encore le récit évangélique quand il me confie qu'il «se déploie comme une longue et riche narration romanesque, avec ses évidences, ses mystères, ses rebondissements, ses éclipses, ses ellipses, ses nouveaux personnages, ses événements inattendus, ses longueurs, ses raccourcis, ses digressions, ses descriptions minutieuses, ses envolées lyriques, ses complaisances perverses, ses rétrécissements chagrins, ses joies étales, ses attentes fiévreuses; et à travers tout cela : le fil rouge et brûlant, suivant comme une balle traçante la flèche érotique qui n'en finit pas de faire mouche[18]».

Les mystiques n'auraient pas dit autre chose.

Une légère transcendance

L'Évangile est plus qu'un récit. Il est plus qu'un récit amoureux. Il est une sensualité. Il est un terroir. Il est une parole, un poème. Il est un chant.

L'Évangile est une sensualité. Qui n'a pas compris que l'Évangile était une bouche, une oreille, un nez, des yeux, des mains… ne mesure pas en quoi il affole les sens et met tout à l'envers. Car l'Évangile saisit l'homme par les pieds plus que par la tête. Il ne sort pas du cerveau. Il sort des tripes. Il sort du ventre. Il cherche le contact, y compris le contact physique, pour exister, maintenant. Cela veut dire que l'Évangile se méfie de la piété. Il craint la ferveur. Il parle peu du dévouement et regarde d'un mauvais œil les abstractions spirituelles parce qu'il sait d'instinct que l'abstraction véhicule la mort. Dans l'Évangile, l'invisible passe par le sensible, par un souffle, une haleine, une sueur, une odeur…

Entrer dans l'Évangile, c'est voir des cheveux, des bandelettes, une paillasse, une cruche, un suaire… C'est admirer des moissons qui blanchissent et entendre tomber deux piécettes dans un tronc. C'est croiser un blessé sur la route, une femme au bord d'un puits, des marchands, des paysans, des pêcheurs, des collecteurs. C'est regarder fleurir un amandier et se dessécher un figuier, sentir l'huile, respirer le parfum, enfoncer du levain dans une pâte, saler un champ, cuire du pain, verser du vin.

On ne parle pas assez de cette approche gustative de l'Écriture, de l'importance de mettre des syllabes en bouche, de les savourer, oserais-je dire de les transsubstantier, et de laisser entrer lentement en soi les versets gonflés de suc et de lumière. Je crois beaucoup à la spiritualité buccale. L'Évangile est fait pour être mangé.

L'Évangile est un terroir. L'Évangile est limité : un tout petit terroir. Soixante kilomètres de long, trente de large. Un terroir singulier avec un rythme, avec une vie et des gestes communs à tous les terroirs. Son sol araméen ressemble au sol breton, au sol wallon, à tous les sols qui fument et qui respirent. Ce singulier rejoint donc d'autres singuliers. Il s'agit d'un singulier concret, d'un singulier universel, d'un limité illimité. Parce qu'en traversant la Judée d'hier, ou la Galilée, je traverse aussi l'Ardenne d'aujourd'hui. Il ne faut pas séparer les rives de la Meuse et celles du Jourdain.

Pas question, ici, de nostalgie paysanne, de retour à la nature, de redécouverte de la « fraîcheur des origines », car ce petit terroir sémite, si on veut, si on ose, si on a le courage, on le retrouve partout, en ville, dans une tour de béton, en soi. Ce terroir universel particulier, on le reconnaît à son accent, à son vocabulaire concret, à sa phrase où le verbe est premier, à son odeur. Ce n'est pas une odeur forte. Il ne sent pas la religion. Il ne sent pas le sacré. Plutôt la transcendance. Mais alors un tout léger parfum de transcendance. Et encore : dans un détail. Comme si de rien n'était. Comme s'il fallait se méfier du miracle. Voyez la scène du paralytique à la piscine. Racontée par Grosjean, elle paraît encore plus locale, plus quotidienne :

« Le maître arrive. Il respire cette odeur de fauverie. Il avance ignoré, au hasard des interstices. Et tandis qu'il regarde la lumière dans les replis de l'eau, son ombre en bougeant effleure un paralytique dont elle calme le cœur.

Alors il sent qu'il a été contagieux à son insu et que

lui est donnée tout à coup une sorte de frère. Il hésite un peu, puis il lance avec entrain la plus sotte des questions : Veux-tu guérir ?

L'autre ne se laisse pas détourner de la toute neuve indifférence qui sacre enfin sa fixité : Vois-tu, naïf passant, je ne me soucie plus de ce que je voudrais.

— Eh bien, debout, ramasse ta paillasse et va.

Avant que l'exécutant ait tourné la tête, le commandant a disparu. Rendu à un mouvement qui ne lui a pas permis de voir son origine, l'homme, sa paillasse sur l'épaule, se faufile entre ses anciens collègues. Et il y sème moins de jalousie que d'inquiétude.

Les régents non plus n'aiment pas qu'on échappe au quadrillage. Puisqu'ils ne peuvent empêcher le marcheur d'être valide, ils refusent au porteur d'être licite : Tu déménages, vieux ? Et le sabbat ?

— J'ai l'ordre.

— De qui ?

— Sais pas.

Je vais parmi les gens, je vois leurs mimiques, j'entends des bribes de phrases. Soudain le timbre d'une voix, la voix que j'ai entendue quand j'ai pu me lever : Te voilà guéri.

Je regarde ses yeux, je l'écoute sans entendre, mais il est là. Je ferais bien de faire attention à ce qu'il dit, mais j'ai le vertige. Quoi ? Ne recommence pas ? Est-ce qu'on a jamais envie de recommencer[19] ? »

L'Évangile est un poème. La force de l'Évangile, ce ne sont pas seulement des personnages, des invectives, des diatribes, des discours, des dialogues à fleuret moucheté, des théologies… Toutes ces rencontres-là traversent un pays, un paysage, un climat, des saisons. Et sans cette ambiance, sans la lueur des jours, la couleur du ciel ou l'odeur du vent, on ne parlerait pas de poème. Vous entendez bien. Je ne suis pas à l'école. Je ne fais pas un cours de littérature. Je parle d'un poème de maintenant, de demain. Il suffit d'entendre Grosjean. Quelle merveille de retraduire ainsi le poème de l'Évangile, aussi librement, en regardant passer le Messie à travers la campagne de la Franche-Comté.

Poème, écrivez-le avec une majuscule ou pas, peu importe. Vous pouvez dire « parole » : la parole d'une parole. Car le poème évangélique n'est qu'une petite parole d'une parole plus large. Chacun peut le reprendre, le raconter, le réinventer. L'Église, qui l'a beaucoup servi et beaucoup trahi, n'a pas le monopole de l'interprétation. Le poème de l'Évangile n'appartient à personne, pas même à l'Évangile, dit Feillet. Et l'écoute de toute l'humanité est nécessaire pour qu'il atteigne sa portée[20].

D'où vient-elle cette parole ? Où va-t-elle ? Que veut-elle ? Que sait-elle de nos histoires, de nos blessures ? Elle n'est pas nécessairement religieuse. Elle appelle. Elle éveille. Elle ouvre des portes. Elle n'écrase pas. Elle retourne. « Qui se laisse travailler par elle meurt jeune à n'importe quel âge[21]. » Alors on met des barrages sur les routes : pour l'arrêter. Mais elle passe. Et lorsque des voix trop bavardes prétendent la porter comme un étendard, elle s'enfuit. Elle se méfie des porte-parole. Quand ils approchent, elle s'éclipse, elle se faufile, elle se cache sous terre, elle continue à couler, à chanter.

L'Évangile est un chant. Un chant qui appelle. Un chant qui emporte. Une musique. Une voix « entendue dans la forêt des signes ». Un air étrange et familier. Un chant si lointain, si proche.

A-t-on assez dit à quel point il était lié à la mémoire,

à l'oralité, à l'inflexion d'une voix, à la respiration d'un souffle ?

Dans son cours à l'École pratique des hautes études, le professeur Marcel Jousse, dont l'enseignement a marqué Louvain et la Sorbonne, voyait dans l'Évangile une « récitation vivante », au beau sens du mot *réciter*, au sens où la mémoire est « intelligence approfondissante ». Un homme, enseignait-il, ne vaut que par ce qu'il a mémorisé. Que deviendra-t-il s'il n'exerce plus sa faculté de mémoire ? Pour le célèbre anthropologue dont on retiendra la passion à dégager les « récitatifs de l'Évangile », on ne peut pas comprendre la parole de celui qu'il appelait le « Rabbi-paysan Iéshoua de Nazareth » si on ne mesure pas combien son récit était rythmé, mélodié et même gestué. A ses étudiants enthousiastes ou déconcertés il disait l'importance de sentir « les balancements de l'Évangile » et de pénétrer « le jeu prestigieux de la mémoire » pour rejoindre vraiment la mentalité palestinienne. Et de fait, lorsqu'on parcourt les traductions-recréations (ou récréations ?) de Jousse[22], on est frappé par le jeu du texte, par son chant, jusque dans ses formules les plus visitées. Un blanc parfois, une inversion de termes ou le déplacement d'une virgule, et la « rythmo-pédagogie » de Rabbi Jésus surgit, étonnante :

a
« Cela

b	c
toutes les fois que vous le referez	comme aide-mémoire de moi vous le referez. »

Le chant de l'Évangile se chante à quatre voix. Quatre voix d'hommes qui n'ont pas cherché à se mettre d'accord. Quatre histoires, quatre mémoires, quatre vies, mais un seul chant.

Et comme dit le poète breton Guillevic :

« Pendant le chant
On ne vieillit pas. »

LA PETITE CHANSON DU PASSANT

Sans le récit évangélique, pas de christianisme. Mais sans ce juif nommé Jésus, pas d'Évangile.

Qui est-il, cet obscur Galiléen auquel tant d'hommes et de femmes, et pas seulement des chrétiens, continuent à se référer aujourd'hui ?

Le propos n'est pas d'écrire ici, même en raccourci, une nouvelle vie de Jésus. Mais pour dessiner à grands traits la singularité chrétienne, il est nécessaire de passer un moment en compagnie de ce personnage étrange et fascinant en qui beaucoup s'accordent à reconnaître un des grands mystiques de l'histoire de l'humanité.

Jésus était un juif galiléen. Sémite, il priait en hébreu mais il parlait un dialecte local, l'araméen, et qui sait ce qui serait advenu de son histoire si un certain Paul de Tarse n'était passé par là. Un malheur, dit François Perin ! « C'est une tragédie pour le christianisme d'avoir été diffusé en grec, par un juif hellénisé, citoyen romain[23]. » Jean Grosjean n'est pas loin de partager le point de vue lorsqu'il reproche à Paul de mêler ses sentiments à ses démonstrations. « Il dit qu'il a vu Jésus. Très bien. Mais pourquoi transformer celui qui l'a tutoyé en une entité qui résolve les faux problèmes de sa double culture judéo-grecque ? Il adopte l'espèce de rhétorique passionnelle des militants politiques ou des voyageurs de commerce. On comprend la réticence des Apôtres[24]. »

Je crois aussi que les cultures sémitiques (grec biblique inclus) sont celles qui s'éloignent le moins du plus humain dans l'homme. Pour entendre Jésus, pour entendre l'Évangile, par-delà son ambiguïté fondamentale, pour retrouver cette voix originale et originelle, à travers l'heureuse pluralité des interprétations, il importe de réveiller l'araméen qui dort au fond de nous. Ce n'est pas d'abord une question de culture mais de mentalité. Il ne s'agit pas — même si c'est un dur bonheur — d'inviter chacun à se lancer dans de difficiles études orientalistes ou à se plonger dans je ne sais quelles délectations archéologiques pour échapper à la rudesse de l'actualité. Au contraire. Jésus était de son temps. Et c'est pourquoi il est du nôtre. Quand je parle, après Grosjean, de réveiller cet araméen qui nous habite, ce n'est pas pour préserver je ne sais quelle « pureté » des commencements, mais pour rendre vive une parole de terroir au cœur de notre propre culture.

Dieu publie son secret

Jésus n'est pas un docteur. Jésus n'est pas un fondateur, un réformateur mais un *révélateur.* Pas étonnant, alors, qu'il trouble, qu'il énerve, qu'il déconcerte. Regardez les nombreuses discussions dans l'Évangile, et comment il pratique l'art de l'esquive avec une finesse consommée… Car Jésus n'a pas peur du quiproquo ou du dialogue de sourds. Il est bien moins patient que Socrate ! Il dévie. Il rit. Il se fâche. Il déplace la question et vous entraîne, sans prévenir, sur un terrain que vous n'attendiez pas. Du coup, vous n'êtes plus du tout sûr, et lui vous regarde avec amitié et un rien de malice dans les yeux… On comprend que les gens de sa parenté sortent pour se saisir de lui en répétant à qui veut l'entendre, comme en s'excusant : « Il est hors de son bon sens. »

Jésus n'a pas laissé de programme, pas de marche à suivre, pas de trace écrite. Quelques indications sur le sable quand on veut l'obliger, par traîtrise, à juger une femme surprise en adultère (Jean 8, 1-11). Quelle scène extraordinaire que celle-là, où le poète de la miséricorde dessine l'avenir de cette amoureuse en lettres de vent. J'aurais voulu entendre le silence au moment où les hommes se retirent un à un, à commencer par les plus vieux… Et ce dialogue d'une force inouïe dans sa douceur quand les voilà, elle et lui, dans un des face-à-face les plus bouleversants de l'Évangile : « Femme, où sont-ils donc ? Personne ne t'a condamnée ? — Personne, Seigneur. — Moi non plus, je ne te condamne pas : va… »

Lorsqu'on tente de reconstituer, à travers la pluralité des Évangiles, ce que Jean-Claude Renard appelle « le dit de Jésus », une chose frappe : Dieu sort, Dieu s'expose, Dieu se blesse, Dieu mendie. Il ne faut pas chercher ailleurs la singularité chrétienne. Elle tient tout entière dans cette idée folle et le reste en découle : Jésus a désarmé Dieu. Voilà le choix fondamental, dit Jean-Marie Muller, la question théologique centrale : « le Dieu des armées » ou « le Dieu désarmé ».

Que dit Jésus ?

Une chose impensable : Dieu dresse sa tente chez nous. « Au commencement ? La Parole au travail. Et la Parole au travail est avec Dieu[25]. » Et cette Parole au travail, c'est-à-dire en douleur d'enfantement, vient accoucher jusqu'en l'étroit de l'homme. Plus la peine de regarder vers le ciel. Le Très-Haut se fait le Très-Bas. Le Tout-Puissant devient le Tout-Prévenant. Dieu s'approche jusqu'à l'extrême.

C'est d'une audace et d'une nouveauté rares. Encore que le Dieu de la Torah avait bien préparé le chemin.

Jésus n'est certainement pas le seul à exprimer avec force une telle présence de la divinité. Ivre de son Dieu, le grand mystique soufi Al Hallaj, crucifié à Bagdad en 922, se promenait dans les rues de la ville en proclamant : « Je suis Dieu, je suis Dieu. » Mais à la différence d'autres expériences de même nature, nous nous trouvons ici, pour la première fois, devant une relation de liberté d'une exceptionnelle intensité entre l'humain et le divin.

Placer Dieu très haut, voilà le chemin habituel. Et c'est beau. Mais on connaît le danger, pour l'homme surtout. Et pour Dieu.

Placer l'homme sur un piédestal mérite aussi admiration. Avec le risque d'enfermer l'homme dans l'homme.

Jésus refuse de choisir entre ces deux « hauteurs » ou, plus exactement, il garde les deux : « Passionné par la cause de Dieu et passionné par la cause de l'homme », il prend la double nationalité, faisant ainsi du christianisme une religion qui se veut « à la fois une affirmation radicale de Dieu et une affirmation radicale de l'homme[26]. »

Le génie du christianisme tient donc dans la révélation de ce Dieu inimaginable dont la perfection serait en quelque sorte défaillante, blessée en tout cas, comme si Dieu, pour être Dieu, devait sortir de Dieu. Poète — mais il faut la force de la poésie pour approcher cette radicalité-là —, Grosjean s'enthousiasme en parlant d'un Dieu qui « se déserte », qui « se jette hors de soi », prenant ainsi

« le risque de ne plus être Dieu ». Voilà donc que, contre toutes les règles, contre tous les usages, contre toutes les traditions, Dieu publie son secret… « comme si un mot de trop lui avait échappé, (…) comme si le Père envoyait le Fils grandir à l'étranger pour que le Fils puisse faire, loin de toute protection, une expérience qui soit à la hauteur du Père[27] ».

La messe de Vivaldi

Un Dieu aussi fragile, aussi dépouillé, aussi jeune, aussi compagnon de l'homme, un Dieu aussi appelant, dont les patriarches, me dit un lecteur, comparaient la voix aux ineffables gémissements de la colombe, est-il encore un Dieu ? Beaucoup, je le comprends, ne peuvent pas croire en ce Dieu-là. J'ose dire ici, et il ne faut l'entendre ni comme une provocation ni comme un paradoxe, que moi je ne peux croire *qu'en* ce Dieu-là, désarmé mais proche, que nous devons protéger, dit Michel Serres, auquel nous devons venir en aide, ajoute Marguerite Yourcenar, « comme s'il y avait une faille dans l'absolu ». En un certain sens, poursuit Jean-Claude Renard, « il me semblait que c'était à nous d'avoir désormais pitié de Dieu : de l'aider à sortir d'une solitude et d'une impuissance qui étaient les nôtres, pour que nous parvenions à en sortir nous-mêmes. Il me semblait que si nous ne pouvions rien sans lui, c'était parce qu'il ne pouvait rien sans nous ». Et Renard d'évoquer « la faiblesse d'un désir blessé auquel notre désir, notre faiblesse (…) devaient adhérer pour le guérir[28] ».

Une longue tradition mystique rejoint ces témoignages contemporains. Elle me secoue et m'éclaire lorsqu'elle me lance en pleine figure : Tu es responsable de Dieu. Tu le tiens entre tes mains. Tu ne dois pas trop parler de Lui. Tu risques de l'abîmer.

Ne pas trop parler de Dieu… et ne pas lui accorder une importance démesurée. J'aime entendre Adolphe Gesché me répéter que le Dieu de Jésus n'est pas toujours là, qu'il a besoin de repos, qu'il sait prendre congé et qu'il part quelquefois en vacances… Pour écouter de la musique ou suivre son inspiration. Même à l'autel ! Comme cela est arrivé, dit-on, au grand Vivaldi. Prêtre, il interrompait parfois brusquement sa messe parce qu'une inspiration musicale l'envahissait soudain. Il s'enfuyait alors dans la sacristie pour jeter rapidement quelques notes sur du papier à musique, puis il revenait au chœur et reprenait benoîtement sa célébration. « Quelle malchance de n'avoir pu assister aux Messes de Vivaldi [29] ! »

Trois impératifs

Jésus n'a pas peur d'approcher Dieu. Et jusqu'à quel extrême. Et jusqu'à quel prix.

Jésus n'a pas peur non plus d'approcher l'homme. Et avec quelle audace, et quelle liberté !

La romancière Sylvie Germain prétend que Jésus parle autant avec ses pieds qu'avec sa bouche. C'est vrai qu'il ne tient pas en place, qu'il va, qu'il vient, qu'il arrive à l'improviste, qu'il repart, qu'il « n'est jamais là où on s'attend à le trouver [30] ». Témoin de la fugacité, on le voit, certains jours, traverser l'Évangile à grandes enjambées, comme si le temps lui était compté. Il vaudrait la peine de relever les moments où il passe : dans la foule, au désert, sur le lac, au tombeau, à la synagogue. « Mais lui, passant au milieu d'eux, alla son chemin » (Luc 4, 30). Sans oublier qu'il s'arrête aussi, qu'il regarde, qu'il admire, qu'il contemple, qu'il entre en fraternité avec le paysage, les animaux, et qu'il entraîne l'homme à passer avec lui, dans un grand dépassement.

Dans la parole de ce passant, il me semble avoir entendu trois choses. Il y en a beaucoup d'autres, mais je m'arrête à ces trois-là : « Lève-toi et marche », « Donne-moi à boire », « Aimez-vous ». Trois verbes, trois impératifs de l'Évangile, trois urgences qui laissent deviner la « manière » de rabbi Jésus : l'appel, la liberté, la charité.

« Lève-toi »

Impossible de traverser l'Évangile sans se sentir appelé. Pourtant Jésus ne se préoccupe pas d'organiser la relève et encore moins d'animer ce que l'Église catholique en mal de cadres appelle la « journée des vocations ». Quand il dit « Lève-toi », il crée le monde. « C'est une nouvelle genèse qui sort de l'informe et du vide (...) "Lève-toi", c'est une déclaration des droits de l'homme[31]. »

Jésus ne dit pas « Lève-toi » à la foule. Il ne dit pas « Lève-toi » au seul paralytique. « Il va droit à la porte de l'humain. Il attend que cette porte s'ouvre. La porte de l'humain, c'est le visage. » C'est donc à chaque visage qu'il dit « Lève-toi », « face à face, seul à seul, un à un[32] ».

« Lève-toi. » Il me convie, moi. Il me prend comme je suis, là où je suis, à l'instant même. Avec la lumière qui m'appartient et celle qui ne m'appartient pas. Avec la ténèbre du dehors et celle du dedans. Il m'arrache à moi. Il m'appelle à meilleur que moi. Il réveille la voix qui m'habite et m'invite à la reconnaître, à l'accueillir, à lui faire confiance. Il me guérit. Ça me frappe beaucoup, cette attestation de l'Évangile : Jésus y apparaît souvent et fortement comme thérapeute. Mais que veut dire guérir ? Remarcher ? Parfois, oui ; pas toujours, pas seulement. Guérir, c'est fleurir à contre-saison, c'est porter un fruit impossible, c'est donner ce qu'on n'a pas reçu. Dans l'Évangile, guérison et vocation se tiennent la main comme deux sœurs jumelles.

« Lève-toi. » Ce n'est pas une parole magique. Elle met du temps à pénétrer. Une vie, parfois. Elle a besoin de se blesser à d'autres paroles, de faire son chemin. L'appel qui retentit tout au long de l'Évangile est un appel à garder sa lampe allumée pour marcher dans le noir en direction de son enfance.

« Donne-moi à boire »

Une seconde chose me frappe dans l'attitude de Jésus, une qualité rare, très exceptionnelle, et qui habite le fond même de sa personnalité : il n'a pas peur.

Il n'a pas peur de la Samaritaine parce qu'elle est Samaritaine. Il n'a pas peur de la femme parce qu'elle est femme. Il n'a pas peur du plein midi, du grognement des disciples et du dicton populaire qui prétend qu'« un morceau de pain donné par un Samaritain est plus impur que de la viande de porc ». Il n'a pas peur des cheveux de Madeleine. Il n'a pas peur des bandelettes de Lazare. Il n'a pas peur du sang de l'hémorroïsse. Il n'a pas peur des chiens de la Cananéenne. Il n'a pas peur de caresser le lépreux, de toucher l'aveugle, de partager la table d'un publicain et de prendre la main de la fille du chef de la synagogue. Il n'a pas peur d'être « lui ».

D'où lui vient cette extraordinaire liberté intérieure ?

Car ce n'est pas de la provocation, de l'anarchie. Jésus était un vrai fils d'Israël, il était circoncis, il respectait la Loi et se rendait à la synagogue pour prier. Il lui arrivait même de fréquenter le Temple.

Mais quand la vie d'un homme est en cause, il n'y a pas de sabbat qui tienne. Et quand la liberté de Dieu est blessée par l'exclusion, il n'y a plus de Temple qui reste debout.

Sa révolte est donc une révolte pour les « petits » à qui la Loi imposait souvent un joug insupportable. Dans une société où les particularismes religieux étaient nombreux et où le peuple galiléen se sentait tenu à l'écart, Jésus surprend par la liberté de son enseignement et l'audace de son comportement social.

On s'est parfois étonné de la place que les Évangiles accordaient à des questions d'observation rituelle à première vue secondaires. Mais c'est bien là, dans le très concret, dans le très quotidien, que Jésus crée, qu'il innove et ne se contente pas de répéter ou de commenter. Et quand ses adversaires lui reprochent de ne pas respecter la tradition des anciens (Mc 7, 2), il leur demande : « Qui d'entre vous, s'il n'a qu'une brebis et qu'elle tombe dans un trou le jour du sabbat, n'ira la prendre et l'en retirer ? » (Mtt 12, 11). Même attitude libérante à l'égard du malade, du possédé ou du pécheur. En pardonnant ou en guérissant, Jésus ne veut rien casser. Son propos n'est pas de blasphémer mais d'espérer et donc d'ouvrir, au cœur même de la Loi, un chemin de liberté.

Libre dans sa manière d'enseigner et dans sa façon de pratiquer la Loi, Jésus l'est aussi dans ses fréquentations, ses amitiés, et dans son mode de vie. Le pouvoir politique ne lui fait pas peur (« Allez dire à ce renard... », dit-il à propos d'Hérode) et les « mal-pensants » ou les gens de mauvaise réputation trouvent chez lui un accueil d'autant plus grand qu'eux au moins n'imposent pas leur chemin à Dieu. En ce sens, Jésus n'est vraiment pas sectaire, il ne vit pas comme un « séparé ». Il n'est pas ascète non plus et ne suit pas, sur ce plan, les chemins rugueux de Jean-Baptiste :

« A qui vais-je comparer cette génération ? » demande-t-il. Elle est comparable à des enfants assis sur les places, qui en interpellent d'autres :

« Nous avons joué de la flûte, et vous n'avez pas dansé !

Nous avons entamé un chant funèbre, et vous ne vous êtes pas frappé la poitrine ! »

En effet, Jean est venu, il ne mange ni ne boit, et l'on dit : « Il a perdu la tête. » Le Fils de l'homme est venu, il mange, il boit, et l'on dit : « Voilà un glouton et un ivrogne, un ami des collecteurs d'impôts et des pécheurs ! » (Mtt 11,16-19).

Annoncer le règne de Dieu et vivre comme tout le monde, refuser de se séparer, de garder distance, et se tenir dans une liberté que peu osaient s'octroyer, voilà qui allait finalement aggraver les conflits et entraîner sa condamnation.

Libre, Jésus ne cherche pas à l'être « au-dehors » mais « en dedans ». S'inscrivant avec habileté dans le jeu dialectique de son époque, il ne cesse de rappeler l'essentiel au cœur de l'accessoire : d'abord la vie, et les autres prescriptions seront honorées par surcroît. Que pourraient encore objecter les interlocuteurs ? Il rend hommage à *leur* tradition ! Car c'est bien au cœur du judaïsme qu'il instaure un écart, qu'il invite à une pratique plus intérieure de la Loi, qu'il rappelle, après d'autres rabbins, que « le sabbat a été fait pour l'homme et non l'homme pour le sabbat » (Mc 2, 27).

Les contemporains de Jésus ont retenu un mot pour caractériser cette étonnante liberté de pensée et de comportement, un mot dévalué, caricaturé, et qu'il faut restaurer dans toute la force de son étymologie : autorité. Faire grandir. Élargir. Augmenter.

Jésus n'a peur de personne.

Ça ne veut pas dire qu'il est le plus fort, mais cela signifie qu'il ose approcher chacun et qu'il se laisse approcher. Ainsi, il n'a pas peur des gens qui pleurent. Avec lui, on n'a pas besoin de se cacher parce qu'on souffre.

« Je ne sais pas comment vous êtes bâti, confesse Jacques Pohier, mais moi, à partir d'un certain nombre de souffrances (...), je me sauve. C'est presque légitime : il y a des mesures de sauvegarde à prendre. On y laisserait sa peau. » Vous savez bien qu'il a raison, que nous sommes tous pleins de cicatrices, de zones sensibles. Alors, pas si vite les grandes déclarations vertueuses ! Bien sûr qu'on voudrait garder la porte grande ouverte, laisser chacun approcher... mais il y faut une force, une santé, et quelle liberté ! Cette liberté-là, « cette liberté de Dieu telle qu'elle s'est manifestée en Jésus-Christ, ça me confond. Un Dieu qui est libre, qui n'a peur de personne, c'est inouï que ça existe, admire Pohier. Quel pas faudrait-il franchir dans l'existence pour que ça renaisse, pour que ça re-suscite[33] ? »

« Aimez-vous »

Un appel. Une liberté. La vie de Jésus se caractérise aussi par une charité, si on veut bien enlever à ce terme toute connotation doucereuse. Car la *caritas* évangélique n'a rien d'une mièvrerie. La « bonté » envers les pauvres et la « compréhension » à l'égard des pécheurs ne doivent pas occulter l'engagement et la détermination d'un mystique parfaitement capable de politique.

Jésus n'a pas inventé l'amour ! L'amour, il en est question dans toute la Bible et dans bien d'autres traditions et sagesses. Mais ce qui est neuf, très neuf, c'est qu'il propose une charité au-delà du bien et du mal. « Un amour sans devoir d'aimer », comme se plaît à le rappeler Jean-Claude Renard. Nous dépassons ici l'impératif moral, la « justice judiciaire » ou même le simple profit. L'amour dont parle Jésus « surpasse les frontières de l'idéologie bourgeoise », souligne à son tour le professeur David Flusser pour qui Jésus a « dynamisé » cette réalité déjà très attestée dans le judaïsme[34]. Il n'a donc pas dit : « Si vous aimez le méchant, il deviendra bon » ; il a dit : « Aimez vos ennemis »...

Jésus ne rend pas coupable celui qui n'aime pas. Il révèle le bonheur d'aimer, le malheur de ne pas aimer et rappelle, jusqu'à l'obsession, que personne n'existe sans quelqu'un d'autre. C'est là le fond de la révolution évangélique, estime Grosjean : être reçu pour soi-même, entrer en fraternité et faire comprendre aux hommes qu'ils sont liés entre eux « par quelque chose de bien plus profond que *l'espèce* ».

Mais cet amour, parce qu'il est appel, parce qu'il est liberté, demande à la fois la distance et la proximité. Or ce qui frappe le plus lorsqu'on regarde Jésus dans l'Évangile, c'est ce va-et-vient entre l'écart et l'alliance. Un peu comme si son véritable lieu, c'était l'entre-deux : l'ouverture et l'enracinement.

L'entre-deux, ce n'est pas le lieu du compromis, c'est le lieu du paradoxe et de la parabole : l'ivraie y pousse avec le bon grain. L'ouvrier de la dernière heure y reçoit autant que celui de la première.

C'est dans l'entre-deux que Jésus éclaire, qu'il appelle, qu'il suscite le don, qu'il encourage ses disciples à se battre dans les conditions mêmes du monde, inaugurant en cela une spiritualité rare qui conjugue, sans les confondre, l'action et la contemplation. Dans l'entre-deux où il croise les malades, les manquants, les perdus, les blessés, les très fatigués, Jésus s'approche autant qu'il s'éloigne. Il guérit et il s'en va. Il multiplie et il se retire.

L'entre-deux, c'est aussi le lieu du pardon. Pardonner, ce n'est pas oublier, effacer. Bien sûr qu'il faut juger ! Mais cela ne suffit pas. Au-delà de la justice, il reste encore à accoucher d'une parole qui ouvre l'avenir, même derrière les barreaux. Edgar Morin le dit avec force : « Seul le pardon peut faire progresser l'humanité. »

L'entre-deux — car l'amour au sens de l'Évangile va jusque-là — c'est encore le lieu de la fragilité, jusqu'à l'incertitude : « Père, pourquoi m'as-tu abandonné ? » J'ai relu, à ce propos, un texte étonnant de Charles Péguy : *Gethsémani.* Une méditation du début de ce siècle sur les derniers moments de Jésus. Elle commence par une réflexion sur la dépression (qu'on appelait alors neurasthénie) et jette un lien d'une singulière actualité entre l'angoisse de Jésus à Gethsémani et le mal-être contemporain : « Un Dieu prostré sur la face de la terre, dit Péguy, (...) un Dieu humble, un Dieu soumis dans toute la détresse (...), dans la détresse de l'homme, (...) voilà, chrétiens, voilà votre progrès [35]. » Les chrétiens osent-ils encore explorer cette déroute intérieure, cette solitude essentielle ? Solitude du cœur autant que de l'esprit. Et y entendre le silence, la nudité d'une parole ?

Dans l'entre-deux, à l'écart, le plus proche des hommes par son partage de toute détresse, le plus éloigné des hommes « par la profondeur de sa relation avec le Mystère », mais tellement présent à lui-même, Jésus apparaît bien comme l'homme d'une triple miséricorde : une miséricorde envers Dieu, une miséricorde envers le prochain, une miséricorde envers soi-même. Aimer Dieu, aimer l'autre, s'aimer soi et ne jamais séparer les trois, n'est-ce pas cette rencontre-là que l'Évangile appelle finalement « le Royaume » ?

Je n'oublie pas que la miséricorde, l'autre nom de la charité, signifie encore, depuis 1680, « le repas hebdomadaire des chartreux, moins frugal que de coutume ». Mais avant cela, à partir de 1653, la miséricorde est aussi cette saillie en forme de cul-de-lampe fixée sous l'abattant d'une stalle pour permettre aux moines « de s'appuyer ou de s'asseoir pendant les offices, tout en ayant l'air d'être debout » (Réon). Miséricorde que cette fine attention à soi-même ! Charité bien ordonnée commence par le dos et par l'estomac…

Une triple honnêteté

Face à la triple miséricorde de Jésus, j'aime entendre Paul Géradin inviter les chrétiens à une triple honnêteté : avec la société, avec eux-mêmes et avec la personne de Jésus[36].

Être honnête avec Jésus, c'est d'abord retrouver la mémoire.

Nous évoquerons en dernière partie, parmi d'autres

chemins à parcourir entre laïques et chrétiens, la nécessité d'enseigner plus et mieux l'histoire des religions. Il ne s'agit pas d'archéologie et moins encore de nostalgie ou de beaux souvenirs mais d'un véritable travail d'embrasement. Garder vivante la mémoire de l'Évangile, ce n'est pas figer, répéter, reproduire, mais rallumer sans cesse et découvrir « une ténèbre assez nue pour se changer en feu, pour posséder le pouvoir de brûler la cendre elle-même et de la retransformer en bois frais[37] ».

C'est bien cela « faire mémoire » : poursuivre le récit. Et pas seulement dans le texte mais dans les rencontres d'aujourd'hui où la sève évangélique continue à courir. L'Évangile est lui-même un travail de mémoire et c'est bien en quoi les Testaments ne sont pas dissociables. Mais l'Évangile, c'est aussi notre temps, insiste Grosjean, c'est « où nous allons » : « Le jour où on découvre le sens d'une parole d'Évangile, c'est pour nous le jour où elle est dite[38]. »

Être honnête avec soi-même, c'est ensuite retrouver la raison.

Là encore j'aurai l'occasion de suggérer plus loin en quoi chrétiens et laïques ont avantage à honorer l'intelligence, mais j'insiste, dès à présent, sur l'impérieuse nécessité de mettre cette intelligence au service de sa propre tradition. Car il ne suffit pas d'embraser le récit fondateur pour qu'il continue à brûler dans le quotidien de nos engagements. Il faut encore lui mener la vie dure, à ce récit, le critiquer, le confronter à d'autres, l'approcher de manière plurielle et, finalement, oser le réinterpréter de façon critique et inventive. Ce travail de l'intelligence doit être un travail de toute l'intelligence et pas seulement de la raison raisonnante, un travail où l'analyse exégétique n'interdit pas l'approche poétique, un travail où les théologies et les imaginaires ne redoutent pas la féconde interpénétration.

Être honnête, enfin, avec la société, c'est retrouver l'enracinement.

Car à quoi servent les travaux de la mémoire et de l'intelligence s'ils n'aident pas aussi à rencontrer la société dans sa complexité et à la transformer ? Je pense ici à ce jeune théologien africain, André Kabasele, qui vient de revisiter brillamment le livre biblique de Baruch, secrétaire du prophète Jérémie (d'après Jr 36, 4). On connaît les célèbres paroles d'encouragement qui ouvrent la partie finale de ce petit livre étonnant : « Quitte, Jérusalem, ta robe de deuil et de misère (...), enveloppe-toi dans le manteau de la justice de Dieu » (Ba 5, 1-2). Par-delà le renouvellement d'une approche qui intéressera beaucoup les spécialistes de l'exégèse, cette lente et patiente relecture de l'histoire concerne chacun, car pour le chercheur congolais il ne fait aucun doute que Baruch vit toujours ! Il habite aussi bien Bruxelles que Paris, Kinshasa ou Jérusalem... d'où il encourage celles et ceux qui se sentent bouleversés dans leurs convictions les plus fortes face à un tout nouveau contexte culturel.

En Amérique latine, les théologiens de la libération ont aussi montré comment une mémoire vivante et une intelligence en actes pouvaient encourager une résistance, soutenir des projets collectifs, faire grandir une conscientisation et favoriser, finalement, une authentique émancipation sociale. Cela veut dire que le récit biblique doit aussi se faire grec avec les Grecs et africain avec les Africains, s'enraciner et se perdre, comme le levain dans la pâte et comme on dit que Jésus se perdait dans la foule.

L'ORIGINALITÉ CHRÉTIENNE

« Jésus n'était pas chrétien ! s'exclame Armand Abécassis. Il n'a jamais mis les pieds dans une église et, aujourd'hui, il entrerait plus aisément dans une synagogue… que dans une cathédrale[39]. » C'est tout à fait vrai. Le chrétien qui tente de dire son originalité ne peut la penser que relativement au judaïsme.

Mais si Jésus n'était pas chrétien, il n'y a pas de christianisme sans Jésus-Christ ! La particularité chrétienne repose sur un exceptionnel témoin de la divinité que les Évangiles appellent à quarante-sept reprises le « Fils de l'homme ». Ce « Fils de l'homme » jette sur Dieu un regard qui a bouleversé et scandalisé, car ce regard ne change pas seulement Dieu. Il change le monde. Il change l'homme. Il rend l'homme au monde, ce qui est vertigineux car cela veut dire que le monde, dans sa lourdeur de monde, participe au divin et qu'en chaque homme, fût-il le plus minable, le plus misérable, une fissure existe, qui ouvre sur une transcendance.

Ce « Fils de l'homme » en qui s'est accomplie « la plus extrême formulation de l'équation homme-Dieu[40] », le Second Testament l'appelle aussi « Fils de Dieu » et « Christ », c'est-à-dire celui qui a reçu l'onction, « le Messie » : « Et vous, qui dites-vous que je suis ? » Prenant la parole, Pierre lui répond : « Tu es le Christ » (Mc 8, 29).

C'est bien sur un double nom que repose le christianisme, et donc sur une tension, car si *Jésus* apparaît le plus souvent comme le nom de celui qui libère, *Christ* a parfois été porté par les Églises comme un étendard, un titre de majesté qui se voulait une affirmation d'« autorité ». On ne peut pas séparer les deux, insiste Christian Duquoc, ou jouer l'un contre l'autre, mais les tenir ensemble l'un et l'autre : « C'est parce qu'il est Christ que Jésus est actuel, mais il est le Christ parce qu'il fut Jésus de Nazareth[41] ».

Voilà le départ. Mais depuis lors, deux mille ans ont coulé. Et même si, « pour le Seigneur, mille ans sont comme un jour » (2 P 3, 8), que retenir d'une histoire mouvementée, par-delà les défigurations ou les éblouissements, si on veut bien ne pas enfermer le christianisme dans une de ses formes ou dans un de ses moments (la figure primitive, la figure constantinienne, la figure réformée, la figure mystique...) ? Autrement dit, quelle est l'essence — l'essentiel — lorsqu'on accepte de dépasser tel ou tel épisode particulier ? Que peut-on attendre du christianisme dans une orientation d'action, dans une recherche collective de sens ? L'épisode biblique de la marche sur les eaux pourrait indiquer un chemin.

Les Évangiles racontent que Jésus vient de renvoyer les foules rassasiées après la multiplication des pains. Il ordonne à ses disciples de remonter en barque pendant que lui se retire à l'écart, dans la proche montagne. « Le soir venu, dit Matthieu, il est là, seul. » La barque, elle, se trouve déjà à plusieurs centaines de mètres de la terre. Le vent s'est levé et les vagues la tourmentent. A la quatrième veille de la nuit, entre trois et six heures du matin, « il vint vers eux en marchant sur la mer. En le voyant marcher sur la mer, les disciples furent affolés : "C'est un fantôme", disaient-ils, et de peur, ils poussèrent des cris. Mais aussitôt, Jésus leur parla : "Confiance, c'est moi, n'ayez pas peur !" » (Mtt 14, 25-27). On connaît la suite, la demande de Pierre qui se met à marcher, lui aussi, prend peur, s'enfonce, appelle au secours, la main tendue vers Jésus, sa réplique : « Homme de peu de foi ! » (« Nain de l'adhérence ! » dit Chouraqui…), le retour au calme, la tempête intérieure…

J'ai souvenir, dans un livre pour enfants, d'un splendide dessin d'Étienne Delessert où l'on voit deux immenses pieds. Et sous les pieds, des tas de petits personnages plongés dans l'eau, qui soulèvent les grands pieds à bout de bras… Voilà une bien jolie et sérieuse façon d'expliquer le « miracle » : par la solidarité. Et une manière aussi de réentendre cet encouragement qui revient, paraît-il, trois cent soixante-six fois dans la Bible : « N'ayez pas peur ! »

Moi aussi, je crois au miracle. Chacun est appelé à marcher sur les eaux. A commencer par le christianisme qui, dès l'origine, ne cesse d'affronter le plein vent sur le lac des tempêtes. Il me semble que pour lui, marcher sur les eaux, cela veut dire marcher sur les eaux de la fragilité, sur les eaux de la beauté, sur les eaux de la liberté. Les trois mots ne disent pas que le christianisme. Ils ne disent pas tout le christianisme. Mais je suis certain que si l'un d'eux venait à manquer, c'est l'essence même du christianisme qui s'en trouverait affectée.

Sur les eaux de la fragilité

Je sais les trahisons et je mesure à quel point cela peut déranger et paraître, surtout, peu crédible à la lumière de l'expérience, de l'histoire, mais le fait est là, frontal, déterminant : le christianisme propose, depuis le départ et tout au long de sa tumultueuse aventure, un regard propre sur la « faiblesse », une attention vive à la « blessure », une invitation sans cesse répétée à ce que j'appelle une expérience de la fragilité. Même Paul parle d'une « écharde dans sa chair » et affirme dans sa deuxième épître aux Corinthiens : « Car lorsque je suis faible, c'est alors que je suis fort » (2 Cor. 12, 10).

Faiblesse... Fragilité... Je connais le danger de ces mots-là. Ils risquent d'entraîner dans leur sillage de graves ambiguïtés et je sais trop à quelles dérives peuvent conduire le dolorisme ou le misérabilisme pour ne pas faire preuve de la plus grande vigilance à ce propos. Que d'assassinats n'a-t-on pas commis — et le pire des assassinats, c'est l'assassinat spirituel — au nom de la « douceur », de la « pauvreté » ou des « larmes » évangéliques ! Il est toujours prudent d'incarcérer les Béatitudes...

Nous avons besoin de force. Comment vivre sans s'adosser quelque part, sans s'appuyer sur un ami, une compagne, une compétence, une militance, un engagement ? Michel de Certeau a raison d'insister : « Il doit y avoir du fort dans une vie d'homme », du franc, du net, du solide, du déterminé. La société elle-même a besoin de ce « solide »-là et il n'est pas bon de dénoncer a priori son autonomie, sa maîtrise technologique, sa capacité de gestion, son obsession de l'action... Je n'imagine pas qu'un chrétien, au nom de son christianisme, se retire sous sa tente et refuse de prendre sa part à l'élaboration d'une tâche historique qui sera toujours à ressaisir et à réinventer.

Mais alors la faiblesse, la fragilité ? Elles n'invitent pas au retrait. Elles ne proposent pas la fuite. C'est le contraire dont il s'agit. Au cœur des taux de croissance, des tableaux de rentabilité, du stress, de la fatigue, et dans le compagnonnage des luttes sociales et des exigences de justice, la foi chrétienne entaille une blessure. Dans la force elle affirme une faiblesse, elle enfonce un coin, elle ouvre un espace où l'autre, peut-être, va venir m'inquiéter… Mais cette inquiétude-là est une chance, cette menace un avenir.

Reconnaissons-le : on se trouve, ici, assez loin de la Grèce. Le Grec a merveilleusement parlé de l'homme, de la patrie, du temple, des dieux. Ulysse, c'est l'enracinement, « l'Odyssée de la conscience vers un lieu ». Se mettre à l'écoute des tragiques, de Sophocle, d'Épictète, de Platon, c'est rendre grâce à l'intelligence, admirer la sagesse et entrer dans un déchirement intérieur où l'homme, l'idéal, l'ascèse, le devoir… parlent le langage de l'élévation. Le Grec apprécie la géométrie, l'angle droit, la force de la pensée. Il aime le concours, la sélection. Il salue le vainqueur, fleurit le héros, admire la lumière des marbres de Paros et applaudit les corps étincelants de jeunesse. Il voit grand. Et je ne veux pas oublier à quel point cette grandeur-là est à l'honneur de l'humanité. Ni passer sous silence le côté dionysiaque de la Grèce, l'obscur, le mystère, l'irrationnel et les robes transparentes des fougueuses Bacchantes… La Grèce est multiple et Platon ne doit pas occulter Euripide, le poète contestataire accusé d'irrespect à l'égard des dieux. Il n'empêche que le Grec est perdu devant la disgrâce. Il ne sait pas ou ne peut pas parler de fragilité, de précarité. L'homme abîmé lui fait peur, il le nie. En Grèce, si je suis pauvre économiquement, socialement, affectivement, je n'existe pas, je me trouve au ban de la cité et donc de l'humanité. D'ailleurs, le vocabulaire en dit long qui appelle l'esclave *aprosôpos*, l'« homme sans visage », celui qu'on ne voit pas.

Même proche, le Palestinien habite loin d'Athènes. Son pays, ce n'est pas un pays, c'est l'Exode «Vous n'avez pas ici de demeure permanente» (He 13, 14). Son véritable lieu, c'est le visage, «la nudité totale des yeux, sans défense», selon l'admirable expression d'Emmanuel Levinas, mais une nudité qui en appelle une autre, «la nudité de l'ouverture absolue au Transcendant[42]».

Cette révélation qui traverse la Bible, l'Évangile va la pousser à son paroxysme, en accordant une exceptionnelle attention au plus petit, au plus démuni. Dans l'Évangile, Dieu prend visage d'homme et, du coup, la catégorie grecque des «sans-visage» vole en éclats. Au pays des Béatitudes, chaque homme est précieux et le pauvre le plus précieux de tous. Ainsi, pour Adolphe Gesché, il faut voir dans l'«invention du pauvre» une des principales caractéristiques du christianisme et un véritable tournant de civilisation. Certes, et de très bonne heure, la Loi de Moïse contient de nombreuses prescriptions en faveur des pauvres. Qu'on les oublie, et des prophètes se dressent, et Amos, Michée, Habacuc... trempent leur plume dans une encre de feu. Cette pauvreté biblique n'est pas qu'une pauvreté économique. Elle est une disposition intérieure, un accueil, une disponibilité. En rencontrant les *anawim*, les «pauvres de Yahvé», Jésus arrive sur un terrain déjà bien labouré. Mais ce terrain-là, il va le retourner et le retourner encore en proclamant non seulement l'accueil mais la grandeur du pauvre.

Ainsi, quand Athènes regarde l'homme comme une essence, Jérusalem le voit comme un destin. Économise-toi, dit Athènes, calcule, mesure, chaque mot est compté. Dépense-toi, réplique Jérusalem, demande l'impossible. Comprends, poursuit Athènes, et tu seras sauvé. Crie au secours, répond Jérusalem, et tu verras le salut[43]. Je ne méprise pas la métaphysique. On tente tous d'échapper à la fragilité, avec des pierres ou avec des mots. Mais la fragilité ne se laisse pas enfermer aussi facilement, elle déborde, elle pousse en avant, elle affirme qu'il y a plus important que l'immortalité de l'âme : la vie concrète de l'homme concret. L'affirmation chrétienne de la fragilité n'est donc pas passéiste. Laisser place à la fragilité, c'est inviter à la résistance et refuser l'impératif d'« une société marchande où le moindre signe de faiblesse fait figure d'indécence ». Il est aussi dans l'essence du christianisme de rompre et de dire non.

Cette expérience n'est pas réservée aux mystiques ou aux grands spirituels. La foi chrétienne y invite chacun. Sans prétention. Sans attente d'une récompense. Sans crainte d'une condamnation. La foi n'est pas une mondanité. La foi n'est pas une gesticulation. La foi n'est pas une idéologie mais la mémoire d'une histoire. La foi ne s'oppose pas à la raison. Et quand elle s'y oppose, elle provoque les pires catastrophes. Elle blesse la raison et se mutile elle-même. La foi n'a pas à triompher. Elle n'a pas à se recroqueviller. On ne perd pas la foi comme on perd courage ou comme on perd un chapelet. La foi est une germination. Elle parle à voix basse. Elle pousse au désert. Elle brûle…

La foi est un poème et c'est ce poème-là qui encourage l'audace de la fragilité.

Sur les eaux de la beauté

La beauté n'est pas loin de la fragilité.

Qu'est-ce que la beauté ?

J'ouvre un journal à cette page où *Les couleurs de la vie* invitent à rencontrer l'actualité par un autre chemin, et je découvre l'histoire de François. A deux ans, François pointait l'index vers la lune. Il appelait chaque chose par son nom : la fleur, l'oiseau, la fourmi. Il tirait la queue du chat. Tout l'émerveillait. Comme il montrait de l'aptitude à battre du tambour, on lui offrit un instrument à sa taille, pour lequel il manifesta un enthousiasme sans bornes.

A six ans, il se passionnait pour les couleurs. Il chapardait les craies de l'institutrice. Les murs de l'école se couvrirent d'arcs-en-ciel et de graffitis multicolores. On le surprit à caresser une statue dans les salons du Louvre. La pureté du marbre, l'harmonie d'une courbe, l'expression d'un visage le fascinait.

« Il sera Victor Hugo, disait le père.

— Debussy, Picasso... Rodin peut-être », ajoutait la voisine admiratrice.

Un poète lui conseilla : « Célèbre la beauté, étonne-toi d'une simple fougère. »

C'est ainsi que François tomba amoureux d'une coccinelle par un bel après-midi d'été, tandis que la lumière pleuvait dans les jardins du Luxembourg[44].

L'expérience de François traverse le christianisme depuis ses plus lointaines origines car, on l'oublie trop souvent, pour les premiers témoins, l'événement de la résurrection est d'abord appréhendé en termes de beauté. Dire que le christianisme invite à la beauté, c'est une manière d'affirmer qu'à côté de la faiblesse de croire (fragilité) il ne faut pas négliger la joie d'admirer. L'expérience chrétienne ne peut donc pas se passer de la célébration, de la contemplation, de la prière, de l'extase... Je sais la difficulté de ces mots-là, leur usure, le refuge, la fuite, la répétition d'un passé poussiéreux. Je veux parler d'autre chose, d'une invention, d'une création. Répétition si on veut, mais alors au sens musical, comme le thème d'une sonate qui s'approche, s'amplifie, disparaît et revient dans la partition d'une vie.

Je n'imagine pas ma vie sans liturgie. Célébrer, ce n'est pas déserter, abandonner la fragilité à son sort, mais au contraire l'épouser pleinement. Ne l'oublions pas : dans prière il y a précaire. Et la beauté connaît tellement bien la précarité. La beauté n'éloigne pas de l'incarnation, elle en rapproche. Loin de me remplir, elle me vide. Loin de me rassasier, elle m'affame. Demandez donc à un artiste, à un écrivain, l'arrachement que signifie la création, la douleur du travail de genèse, le découragement, le désespoir quelquefois... et la joie au bout de l'ascèse, au terme d'une longue patience.

Les Églises qui ont parfois prêté grande attention à la beauté ne s'en sont-elles pas écartées ? Les Églises et les théologies. En négligeant la beauté, elles ont négligé les artistes, les musiciens, les écrivains... Pourquoi ? Parce que le sensuel éloignerait de Dieu ? Allons donc ! C'est de l'inverse qu'il s'agit. Le sensuel éloigne du mal, les rites les plus simples arrachent à la mort et la beauté appelle la bonté. Pourquoi voulons-nous donc séparer la beauté de la bonté, opposer l'éthique à l'esthétique, jouer *Agapè* contre *Éros* ? N'est-ce pas le moment de développer cette « théologie de la beauté » dont parlent si bien Olivier Clément ou Paul Evdokimov, en se rappelant avec saint Augustin qu'avant d'être vraie la Bible doit être belle.

La coccinelle de François l'arrache à lui-même. Sa contemplation amoureuse ne l'éloigne pas du quotidien mais l'ouvre à plus grand que lui. Dans son émerveillement, il grandit. Marcher sur les eaux de la beauté, c'est entrer en pays de gratuité, s'alléger, se dépouiller, expérimenter qu'« il y a de l'autre dans le monde ». L'expérience de la beauté est une expérience de la liberté.

Sur les eaux de la liberté

Il ne faut pas trop vite parler de liberté. Ni trop fort. Sinon, comme les disciples affolés, nous risquons de crier : « C'est un fantôme. » Au fait, sommes-nous tellement sûrs de la vouloir ? demande Guy Haarscher dans *Le Fantôme de la liberté.* Peut-on l'aimer et donc en acquitter la facture ? « Tout se passe (...) comme si les hommes modernes avaient naïvement proclamé l'idéal de liberté, sans se rendre compte de l'immense révolution intérieure qu'elle suppose[45]. »

Cette révolution intérieure demande quelle place je reconnais à l'« autre », car « nous sommes libres, mais il y a des rendez-vous », insiste Levinas, et d'abord des rendez-vous avec soi-même. C'est la belle lecture que plusieurs poètes-traducteurs proposent de l'envoi d'Abraham au livre de la Genèse : « Va vers toi-même ! » lui dit Dieu. Et le bien-aimé du Cantique ne dit pas autre chose à sa bien-aimée : « Va vers toi-même. »

Aller vers soi-même, grandir, se déployer, c'est aussi s'aventurer loin dans la rude contrée de la responsabilité. Pas de liberté sans responsabilité. C'est bien ce que Jésus n'a cessé de répéter à ses disciples, en leur expliquant que remettre l'homme debout rendait gloire à Dieu et ne portait pas ombrage à sa souveraineté.

Ainsi, sans employer le mot, l'Évangile pousse à la liberté, et Jésus en indique la rude exigence. Sa vie est en soi « une action publique contre le mal du monde », c'est-à-dire une lutte contre la peur, contre les alibis, contre la lâcheté, contre les préjugés, contre la paresse, contre l'inertie. Autrement dit, tout au long de sa vie publique, notamment à travers sa « lutte contre le temple », Jésus ne cesse d'inviter ses disciples à ouvrir les yeux et à mesurer que « l'action n'est jamais sans risque », qu'elle reste un affrontement, une contestation[46].

Se dresser contre la torture et la violence ? Oui. Mais « ne pas se taire quand elles atteignent nos ennemis ». Alors la liberté ne sera pas un fantôme.

« Quand un homme de gauche hurle qu'on égorge un homme de gauche, sa voix n'est qu'un filet d'eau tiède. Mais s'il se met à crier qu'on égorge un homme de droite, j'entends sa voix comme une clameur. Et si l'homme de droite se lève pour dire qu'on assassine un homme de gauche, j'entends sa voix comme une clameur. Quand des chrétiens font appel à la liberté et à la justice pour défendre des murs et des œuvres, quelle que soit la valeur de leurs raisons, ce n'est pas impressionnant : ils défendent des possessions. Et s'ils se rangent derrière le pouvoir qui les sert, c'est tout à fait naturel, il n'y a pas besoin d'une once de foi pour cela. Mais qu'un évêque élève la voix pour prendre la défense d'adversaires injustement traités, qu'il descende dans la rue pour s'opposer à la police du gouvernement qui le favorise, qu'un autre excommunie de pieux fidèles coupables de ségrégation raciale, qu'un prêtre soit mis en prison pour n'avoir pas demandé à des misérables leurs papiers d'identité, que tout à coup les habituels réflexes et comportements de sagesse sociale soient inversés, une image passe qui fait frémir et monter les larmes : celle du crucifié[47]. »

J'ai tenté d'expliquer que le christianisme ne voulait pas détacher la faiblesse de croire de la joie d'admirer et de l'urgence de s'engager. Car si la fragilité appelle la beauté, la beauté éveille la liberté… Un peu comme si, dans son fondement, le christianisme privilégiait le trait d'union, reposait sur la conjonction : l'action *et* la contemplation, l'écart *et* l'alliance, l'accord *et* la rupture, l'instant *et* l'éternité… On comprend alors qu'un mystique suisse contemporain comme Maurice Zundel parle de « l'extrême sobriété du christianisme » et d'un équilibre entre « publicité et secret », « rayonnement et recueillement », « communauté et solitude ».

Il visait bien entendu l'essence du christianisme et pas ce qu'en ont fait certains adhérents… Mais quoi que l'on pense de cette sobriété ou de cet équilibre, beaucoup, y compris hors christianisme, s'accordent à reconnaître que l'insistance sur la responsabilité personnelle, le souci de l'autre, l'intensité de la relation, la lutte contre le mal et la reconnaissance, surtout, du caractère unique, infini, de chaque être humain indiquent une « expérience » et une « mémoire » importantes à raviver avec d'autres partenaires, dont les laïques, au cœur de la post-modernité. On ne peut pas, malgré et par-delà toutes les trahisons et toutes les défigurations historiques, refuser au christianisme, lorsqu'il est fidèle à sa parole originelle, le projet de placer l'homme très haut et de lui reconnaître une ampleur exceptionnelle.

Je voudrais être sûr d'être bien compris : ce regard-là, dont je pense que la civilisation actuelle a un urgent besoin, ne ressuscitera pas la chrétienté perdue. Tant mieux. Si le christianisme a un avenir, il ne pourra s'agir que d'un avenir vagabond et d'une redécouverte de ce que les théologiens appellent quelquefois son « essence exodale », parce que, aujourd'hui plus encore qu'hier, il s'agit de sortir d'Égypte, de passer la mer Rouge, de rencontrer des peuples étrangers, d'inventer, d'innover et d'avancer dépouillé sur un chemin non tracé à la recherche d'un nouveau possible.

SORTIR D'ÉGYPTE

Je ne dois pas être grand clerc pour deviner déjà votre objection. Vous me dites que, oui, peut-être, en théorie, le christianisme est capable de sortir, de s'ouvrir à la différence, de rejoindre des vérités étrangères et de pèleriner avec d'autres sur des routes nocturnes parfois mal éclairées. Mais les Églises ? La catholique en particulier… Comment pourrait-elle accepter ce nouvel Exode, elle qui s'est si bien accommodée de la nourriture égyptienne… Ne la retrouve-t-on pas, aujourd'hui, « boudeuse et à la traîne » de ce qu'elle a elle-même lancé ? Veut-elle vraiment prendre le large ? Souhaite-t-elle réellement dépasser ses problèmes internes et s'ouvrir à la pluralité ? Est-elle capable d'enfin reconnaître qu'une partie de la vérité lui échappe ?

La forêt de clochers qui dessinent encore largement le paysage des campagnes et même des villes occidentales ne doit pas camoufler l'arbre de la réalité : le quotidien chrétien est complètement bouleversé. Un chiffre suffit à l'illustrer : au lendemain de la guerre, un Français sur trois participait régulièrement à la messe ; un sur cinq dans les années soixante-dix ; il s'en trouve aujourd'hui un sur douze à reconnaître cette pratique et... un sur trente parmi les jeunes générations. Côté clergé, au moment du dernier Concile, 35 000 prêtres se trouvaient encore en activité en France. Ils sont en ce moment 9 000 et se retrouveront à moins de 5 000 dans dix ans.

Cette donnée statistique n'est qu'une assez pauvre indication. Elle révèle, bien sûr, une Église aux cheveux gris, mais n'exprime pas tout le malaise d'une institution qui n'a « pas perçu à temps la montée des connaissances et de l'esprit critique », commente Gabriel Marc[48]. Son message reste exprimé dans des formes désuètes, voire primaires, qui ne passent plus la rampe, et il doit composer, dans l'esprit du temps, avec les autres messages religieux dont les gens connaissent désormais l'existence. Mais là n'est pas l'essentiel. L'Église n'est pas seulement en décalage. Elle est en rupture profonde avec les valeurs qui marquent nos représentations. Ce n'est pas uniquement la manière d'écrire et de parler mais la façon même d'entrer en relation, le mode de vivre, de penser... qui posent problème.

Sainte (belle)-mère

Paul Géradin qui parle à son tour de la « longue et lente décomposition du catholicisme romain » souligne, avec beaucoup d'autres, l'effondrement de l'emprise ecclésiastique sur les consciences et les mentalités et se demande si certains milieux cléricaux ne spéculent pas, en secret, sur le désarroi de la modernité. Au fond, n'ayant jamais accepté cette modernité de gaieté de cœur, les nostalgiques d'un ordre ancien n'hésiteraient pas à flirter de façon démagogique avec les composantes les plus douteuses de la post-modernité. N'est-ce pas la position intégraliste ? Parler à la modernité, oui, mais avec « hauteur » et, au mieux, « compassion », pour lui faire remarquer ses limites, lui dire sa faiblesse, son incapacité, et lui proposer une alternative.

Mais d'où parle l'Église quand elle s'adresse à la culture séculière ? Et quelle est son intention quand elle dénonce la civilisation de l'action ? Est-ce le souffle évangélique qui l'inspire ou la jalousie de voir se réduire une zone d'influence, comme si la modernité lui arrachait son dû ? Pour le dire d'une façon un peu moins rude, mais la question est aujourd'hui posée par beaucoup : « Qu'est-ce que l'Église inspire encore en profondeur ? »

Il serait injuste d'isoler les Églises. La crise de représentation dont parlent les sociologues affecte quasi toutes les institutions. Nous sommes entrés dans une « culture de l'allergie », dirait la théologienne Yvette Chabert. « Allergie à tout ce qui est institué et nécessite un engagement. Allergie à la vérité reçue d'ailleurs. Allergie au futur, à l'espérance pour demain (...). Et même allergie à l'autre... »

Une enquête réalisée il y a quelques années par l'Université catholique de Louvain sur les valeurs vécues par ses étudiants confirme la perception. Quatre lignes de force se dégagent :

— Une méconnaissance et une mise à distance du monde du travail qui apparaît comme obscur et incertain. D'où les stratégies de retardement. Demain fait peur. Inutile, donc, d'y entrer trop vite.

— Un immense besoin de relations affectives que l'on

voudrait durables et fortes, même quand on en mesure la fragilité.

— Une insistance sur le proche, le quotidien, avec ce que cela suppose de concret et d'immédiat.

— Une affirmation de la responsabilité personnelle : des actes, s'il vous plaît, pas de paroles. Et nous ferons la synthèse nous-mêmes.

Ceux qui perdent le plus de plumes dans l'aventure sont les *hommes politiques* considérés comme « loin du quotidien », et les *hommes d'Église*, victimes — c'est dans le texte — d'« une institution où ils n'ont rien à dire[49] ».

Ainsi, toutes les appartenances collectives sont interrogées. Mais on éprouve le sentiment qu'à propos de l'Église, un élément affectif plus fort pèse dans la balance, et qui s'exprime fortement. Combien de fois, chez des collègues, des amis, des étudiants, en famille, n'ai-je pas entendu la protestation de Gabriel Marc « Nous ne pouvons plus supporter d'être vus comme des pièces de musée par notre entourage, à cause d'une Église qui parle depuis le Moyen Age. »

Il ne faut pas sous-estimer le mal-être ecclésial : il est profond. Comme Yvette Chabert, je suis convaincu que bon nombre de chrétiens — des laïcs, des prêtres mais aussi des évêques — souffrent d'être engagés par une parole publique d'Église, définie en dehors d'eux, dite sans eux, d'en haut. « Parole dans laquelle ils ne reconnaissent pas toujours l'Esprit de l'Évangile (...). Parole qui verrouille institutionnellement la parole croyante plurielle. » Parole qui dévalorise les travaux souvent enthousiastes des synodes locaux et met entre parenthèses des questions vitales. Pas étonnant, dès lors, que l'impertinence chrétienne remplace « Notre Mère la Sainte Église » par « Notre Belle-Mère la peu Sainte Église »...

La soutane blanche et le rouge à lèvres

Une fois encore, les choses sont peut-être plus « grises » qu'il n'y paraît... Deux images pour me faire comprendre.

La première nous conduit au Vatican, en 1978, le 23 octobre très exactement. Vingt ans déjà ! Ce jour-là, le pape Jean-Paul II qui, heureusement, n'est pas encore tout à fait habitué à son métier de pape, reçoit ses compatriotes polonais dans une joyeuse hystérie dont, paraît-il, il n'est pas sorti indemne. C'est que parmi ses compatriotes il y a beaucoup de... compatriotes. Je veux dire des femmes, qui le serrent d'assez près et dont le rouge à lèvres a manifestement marqué un témoin. En effet, un prélat qui se trouvait là, en coulisses, et qui a tout vu, tout entendu, raconte la scène dans ses souvenirs à travers ce raccourci saisissant : « (...) la soutane blanche souillée par le rouge à lèvres[50]. »

L'autre image, surprenante, et un rien romancée, je l'emprunte à Jean Sulivan. C'est l'histoire d'un évêque qui change la roue de sa voiture. Voilà que passe par là une dame du monde fort désireuse de venir en aide au cher monseigneur et plus désireuse encore de lui baiser l'anneau épiscopal. Avec le plus grand naturel, l'évêque se retourne et lui dit : « Il est là, madame, dans la boîte à outils »...

La soutane blanche et le rouge à lèvres, l'anneau épiscopal dans la boîte à outils... il me semble que l'Église se tient là, entre ces deux images, entre ces deux paraboles.

La soutane blanche et le rouge à lèvres, c'est la peur

du monde, la crainte de la séduction, le rejet du corps, les mains propres, le pur et l'impur, le faux sacré. L'Église *face* à la modernité. Cela indique une frontière, une norme. L'anneau épiscopal dans la boîte à outils, c'est l'accueil de l'imprévu, les mains sales, les manches retroussées, l'Évangile à fleur de quotidien, le vrai sacré, l'humour, la distance. L'Église *dans* la modernité. Cela indique une ouverture, un sens.

Le paradoxe auquel sont confrontées les Églises aujourd'hui, et qui les frappe de plein fouet, en tout cas du côté occidental, c'est qu'au moment même où la demande de sens se fait urgente et brûlante, elles connaissent une désaffection d'une ampleur exceptionnelle. Peut-être n'est-ce pas aussi paradoxal qu'il y paraît ? Nos contemporains veulent du sens, oui, mais refusent la pensée normative. Et l'Église a peine à produire du sens sans produire des normes[51]. Voilà l'extraordinaire conversion qui lui est demandée, et je comprends que ce soit vertigineux comme changement : proposer du sens sans l'enfermer. Un sens qui donne de l'air. Et cesser de se comporter comme le mauvais pasteur dont parle Jacques Neirynck à la fin de son célèbre *Manuscrit du Saint Sépulcre*[52].

C'est donc la parabole du mauvais pasteur qui renonce à chercher la brebis perdue pour rester avec les 99 autres… Et qui, le lendemain, renonce tout autant pour rester avec les 98 et bien les protéger, puis avec les 97, les 96, les 95… puisqu'il perd chaque jour une nouvelle brebis, jusqu'au jour où il se retrouve avec une seule brebis, comme le Bon Pasteur, mais à l'envers !

Qu'attend l'Église pour rencontrer les 99 brebis qui s'en sont allées ? Pas pour les récupérer à tout prix. Pas pour les faire rentrer au bercail contre leur gré. Mais pour leur parler. Mieux : leur donner la parole. L'Église se grandirait, ferait preuve de courage si, aujourd'hui, elle invitait les chrétiens qui l'ont quittée à lui dire pourquoi. Si elle osait indiquer et non pas imposer. Si elle osait débattre. Si elle osait penser. Si elle osait inventer. Si elle osait se tromper.

Si elle osait indiquer… Proposer des balises, oui, des critères de discernement, des orientations d'action. Le reste est affaire de conscience et de liberté intérieure. Simone Weil — et avec quelle force — l'a dit clair et net : « Je reconnais à l'Église la mission (…) de formuler des décisions sur quelques points essentiels, mais seulement à titre indicatif pour les fidèles. Je ne lui reconnais pas le droit d'imposer les commentaires. »

Si elle osait débattre… Organiser une véritable opinion publique, reconnaître un « droit de tendance », apprendre ou réapprendre à faire synode c'est-à-dire, à tous les échelons, délibérer avant de décider. Retrouver une authentique synodalité, c'est aussi mettre au point une manière évangélique de vivre les conflits et accueillir comme un signe de santé la parole parfois décoiffante des chrétiens critiques.

Si elle osait penser… Pour débattre, peser, mesurer, échanger vraiment des arguments et donc refuser l'argument d'autorité, il faut encourager un véritable exercice de la raison. Faire mûrir, faire grandir, faire autorité, faire penser, c'est aussi former, éduquer, exiger et demander aux gens des comptes de leur intelligence.

Si elle osait inventer… Inventer une organisation moins cléricale, inventer de nouvelles approches pastorales, un nouvel accompagnement sacramentel, de nouveaux ministères, inventer de nouveaux modes de rassemblement communautaire.

Si elle osait se tromper... Pourquoi, quand on entre dans certains textes officiels, tout semble-t-il joué, fini, clôturé, ficelé ? Comme s'il ne restait *qu'à* appliquer. L'Église, si elle veut encore proposer une parole qui soit reçue dans une société pluraliste, va devoir apprendre à ne pas tout dire, à ne pas tout peser, tout mesurer, tout équilibrer à tout instant, apprendre à se tromper. Et à découvrir que c'est cela aussi l'intelligence. « Messeigneurs... Vous m'inquiétez de ne vous tromper jamais. Trompez-vous, vous aurez plus de chance d'être justes et vrais[53]. »

« Viens, petit ! »

N'est-ce pas accorder trop d'importance à l'Église ?

D'accord avec Bernard Feillet : l'Église est seconde, relative, comme la religion. Ni l'une ni l'autre ne peuvent avoir le dernier mot. Ni l'une ni l'autre ne représentent la plénitude du mystère de Dieu. Or on peut se demander, souvent, si elles ne mettent pas « plus d'ardeur à défendre leurs synagogues, leurs églises ou leurs mosquées qu'à accompagner l'humanité dans sa quête spirituelle[54] ». Ou alors on veut réformer. Mais attention : les réformes vieillissent bien plus vite qu'on ne l'imagine et peuvent masquer la réalité si elles n'ont pas le courage d'aller au fond des choses. Nous ne sommes donc pas devant un simple problème d'adaptation, de modernisation. C'est le cœur même qui est en cause, la manière d'être, avec Dieu et avec les hommes.

« L'essentiel n'est pas que demain les autorités changent, confie pour sa part Jean Mouttapa, mais qu'aujourd'hui l'amour fasse autorité. Alors l'Église du Christ, plus pauvre extérieurement mais plus riche intérieurement, destructurée hiérarchiquement mais plus vivante et prophétique, ruinée peut-être financièrement mais pleine de trésors spirituels inouïs, redeviendra pour les hommes de tous bords un exemple de foi, d'espérance et de charité. Il faut parfois toucher le fond pour retrouver les fondations[55]. »

Je pense à cette institutrice, amie de la romancière Christiane Singer, qui a décidé d'accoucher à la maison et vient de mettre au monde un petit garçon. De manière inattendue pour un troisième enfant, la naissance est longue et difficile. L'enfant naît avec le cordon ombilical autour du cou. Pas d'inspir, pas de cri. Après plusieurs tentatives vaines, la sage-femme se précipite à la cuisine pour tenir le nouveau-né sous l'eau courante. « A cet instant, la mère s'arrache à son épuisement, se lève nue encore dans son sang, soutenant de ses deux mains le placenta dont elle n'a pas encore été délivrée, surgit dans la pièce, se précipite vers ce fils et de toute son âme l'interpelle : *viens, petit, viens !* Alors il inspire. Alors seulement il se décide à naître ! Comme s'il n'avait pas suffi d'être conçu, porté à terme, mis au monde pour être vraiment concerné par sa propre naissance ! Comme s'il manquait encore l'appel fervent lancé par la femme — cette parole qui met au monde[56]. »

« Viens, petit, viens ! »

N'est-ce pas ce cri-là qui remettra le christianisme au monde ? N'est-ce pas cet appel-là qui fera naître et renaître l'Église ?

Si l'Église du Christ rejoignait un peu l'étymologie de son nom… Et Jean Mouttapa de rappeler que celle-ci est complexe mais parlante. *Église*, vous le savez, vient du mot grec *ekklêsia,* « assemblée ». Dans *ekklêsia,* il y a *klê*, une racine indo-européenne qui évoque l'idée de crier, d'appeler, et qu'on retrouve d'ailleurs dans l'hébreu *qôl*, la « voix ». Dans *ekklêsia,* le radical *klê* est précédé du préfixe *ek-*, « hors de ». Ainsi, l'Église — *ek-klê-sia* — ce sont les hommes et les femmes qui sont appelés hors de, « qui se sentent invités à sortir de chez eux ». Et lorsqu'on sait que la « synagogue » — *sun* (ensemble) et *agô* (pousser) — exprime l'idée d'une mise en route, d'une poussée commune… on mesure le vertigineux appel qui traverse toute la Bible et s'adresse aujourd'hui au christianisme : « Va », « Va vers le pays que je te montrerai », « Lève-toi », « Viens dehors », « Avance en eau profonde ». A l'aveugle de naissance, Jésus ne dit pas : « Vois ! Ta foi t'a sauvé. » Il dit : « Va ! Ta foi t'a sauvé. » Et c'est parce qu'il va qu'il voit.

Un style

Le christianisme sera-t-il capable de sortir ? Le christianisme saura-t-il tirer force de sa fragilité ? Le christianisme réussira-t-il à se retrouver en se perdant ? Il le doit, car son avenir en dépend.

Sortir d'Égypte, traverser la mer Rouge, prendre le large, se déplanter, se mêler à des peuples étrangers, se confronter à la pluralité… Non pour convertir mais pour se convertir, non pour récupérer mais pour se repenser, pour s'élargir, pour se redécouvrir.

Sortir d'Égypte et partir en itinérance.

L'itinérance n'est pas l'errance, elle n'est pas l'errement, mais la lente et difficile avancée sur un chemin non tracé. C'est alors qu'on a besoin de racines et de serrer dans sa poche le caillou blanc de sa singularité.

A Babylone, Israël a pris conscience de l'universalité de son Dieu. A Babylone, le christianisme trouvera peut-être un nouveau souffle, de nouvelles ressources. Babylone n'est pas toujours loin. Jésus n'a guère dépassé les frontières d'Israël. Babylone est à l'intérieur. Les rives de la mer Rouge commencent à la maison.

Sortir d'Égypte et ne pas se retourner. Rappelez-vous la femme de Loth et l'arrivée des deux anges chez le neveu d'Abraham. « Ils n'étaient pas encore couchés que la maison fut cernée par les gens de la ville, du plus jeune au plus vieux. » Pour leur permettre d'échapper aux habitants de Sodome, les deux visiteurs à qui Loth vient d'offrir l'hospitalité « le tirent par la main, lui, sa femme et ses deux filles, car le Seigneur avait pitié de lui ; ils le firent sortir pour le mettre hors de la ville. Comme ils le menaient dehors, ils dirent à Loth : "Sauve-toi, il y va de ta vie. Ne regarde pas derrière toi, ne t'arrête nulle part dans le District ! Fuis vers la montagne de peur de périr." » Vous connaissez la suite. Le Seigneur fit pleuvoir sur Sodome et Gomorrhe du souffre et du feu... « La femme de Loth regarda en arrière et elle devint une colonne de sel » (Gen. 19, 4-26).

Un peu plus tard, Jésus sort du Temple. Il s'en va. Ses disciples le rattrapent : « As-tu vu la construction ? Elle est presque achevée. Qu'en penses-tu ? » Lui continue sa route, sans s'arrêter, sans se retourner. Le Temple n'est qu'un moment. « En vérité, je vous le déclare, il ne restera pas ici pierre sur pierre : tout sera détruit » (Mtt 24, 2).

Sortir d'Égypte et ne pas se retourner sur ce qui est périmé.

Pour le christianisme, sortir d'Égypte, ici, maintenant, ce n'est pas seulement s'alléger, se dépouiller, c'est aussi créer un nouveau mode de présence, une manière d'occuper l'espace, d'écouter, de respirer, de regarder, de poser la voix… ce qu'on peut appeler tout simplement « un style ».

Affirmer, par exemple, que l'inculturation n'est pas facultative. Mais il ne suffit pas de prononcer le mot de manière quasi incantatoire pour réaliser la révolution qu'il contient. L'inculturation n'est pas réservée au tiers monde. L'inculturation n'est pas une mode. L'inculturation n'est pas une simple traduction. Elle ne se contente pas de transposer, d'adapter, de reconnaître aux Congolais un « rite congolais » à la célébration eucharistique. L'inculturation est une maturation, un processus dynamique, un véritable échange, une authentique confrontation où le christianisme se laisse blesser par une autre culture, où il accepte d'entrer dans une autre tradition, de s'alléger, de s'enrichir, et donc de se trouver changé, plus tout à fait le même et pas totalement différent. L'inculturation, pour reprendre l'expression si juste du père Pedro Arrupe, engendre nécessairement une « nouvelle création ».

Je voudrais ici rendre hommage à mes amis protestants. Et en particulier au protestantisme français qui a réussi à concilier avec un rare bonheur l'engagement citoyen et la culture d'une identité ouverte. Je ressens comme exceptionnellement juste la tonalité de sa parole publique et je me réjouis beaucoup d'une fidélité laïque marquée au coin de la franchise et de la vérité. Je ne dis pas que les protestants sont à l'abri des poussées de fièvre intégriste. Eux aussi souffrent parfois de fermeture dans leurs propres rangs. Mais leur façon d'avoir « digéré » la

Révolution française et de se situer dans l'espace public m'apparaît comme une heureuse expression de l'inculturation dont je suis en train de parler.

L'inculturation rappelle qu'il n'y a pas que la manière romaine de faire de la théologie, qu'il n'y a pas que la façon occidentale de concevoir l'organisation d'une institution, mais elle dit aussi aux Églises d'Occident que leur anthropologie est à réinterroger fondamentalement. Sortir d'Égypte en ce sens-là, c'est entrer dans la Babylone des sous-cultures contemporaines, savourer son époque sans en ignorer les noirceurs et enterrer définitivement ce slogan trop souvent mérité : « Plus vous êtes grincheux, plus vous êtes chrétien ! »

Sortir d'Égypte, inventer un style, c'est aussi retrouver un christianisme viril. « Si les êtres humains ne cessent d'être des *enfants de chœur,* des *bonnes sœurs,* des *curés* ou des *laïcs cléricalisés,* rien ne se fera[57]. » Que les enfants de chœur, les bonnes sœurs, les curés et les laïcs cléricalisés me pardonnent ! Je les aime bien. Je crois les connaître un peu, voilà belle lurette que je les fréquente. Peut-être qu'eux aussi ont envie de changer ! Alors sortons ensemble et ne laissons plus passer ces contrefaçons de christianisme.

Regardez-les. Regardez-les donc ces « nouveaux apôtres », regardez-les larmoyer en chœur avec des trémolos de conversion dans la voix, regardez-les missionner avec leurs « doux Jésus » plein la bouche, leur sourire publicitaire et leur espérance à la naphtaline. « Quand je les écoute, dit Sulivan [il parle des mêmes, déjà, vingt ans plus tôt !], je vois un vieil adulte qui se penche sur un enfant pour lui faire kili, kili, et il y a une lueur ironique dans l'œil du gosse qui dit : “Redresse-toi, crétin”[58]. »

Quand va-t-on cesser de les mépriser, les « petits » ! Et de répondre à des questions qu'ils n'ont pas posées et de leur offrir de la bouillie sous prétexte de ne pas les troubler. Quand je vois dans quel infantilisme, parfois, on a pu maintenir les chrétiens, dans quelle niaiserie, dans quel refoulement, quelle culpabilité... pardonnez-moi, mais une terrible colère m'envahit. Je ne peux pas supporter qu'on transforme un Évangile vivant en bouillon pour les morts.

Sortir d'Égypte, c'est encore apprendre à aimer l'amour qu'on n'a pas béni.

Il y a bien des manières d'aimer. L'Église n'a pas le monopole de l'amour. Elle qui invite si souvent à prier, peut-elle contempler ce qui ne vient pas d'elle ? Peut-elle se réjouir du bonheur qu'elle n'a pas engendré ? Peut-elle bénir l'*eros,* applaudir le plaisir, s'émerveiller de la passion ? Quelle joie d'entendre Olivier Clément dire du christianisme de demain qu'« il respectera la passion la plus folle, sans ignorer ses impasses, sachant que ceux qui vivent — et meurent — une telle passion sont marqués du sceau de l'abolu[59] ».

Que l'Église cesse de « nous fatiguer avec les rappels des lois et principes ». Pourquoi tant prévenir ? Pourquoi si souvent se tenir à l'affût ? « Laissez donc le sexe un peu tranquille ! » Bien sûr que nous poussons dans le bien et le mal de la vie. Et alors ! Où voulez-vous qu'on pousse ? « Pas de temps à perdre à être contre. Le vice est naturel, la futilité est naturelle. » Il y a plus urgent : proposer une Parole. Inviter au nomadisme spirituel. Encourager le provisoire dans un monde qui ne veut pas en entendre parler. Dire qu'une source se cache quelque part : « On peut ne point la voir mais elle vit dans l'herbe qui se dresse, dans le chant d'une rainette, l'aile d'un oiseau[60]. »

Heureuse débandade

Sortir d'Égypte, naviguer à l'incertitude, persévérer dans l'éphémère, durer dans la mobilité, redécouvrir une parole poétique, revisiter les Béatitudes, rechanter le Magnificat... Il faut un grain...

Et voilà qu'arrive une chose étonnante.

Des chrétiens de plus en plus nombreux se libèrent des bandelettes dogmatiques ou piétistes qui les encorsetaient. Je lis ça presque tous les jours dans mon courrier, je l'entends, je le vois. C'est donc, au sens propre, un moment de débandade. Mais quelle chance ! Retrouver une liberté de mouvement, sentir son corps, respirer... Ainsi, le christianisme demeure peut-être largement à inventer. Pendant deux mille ans, il a été monopolisé par l'Occident. Qui dit qu'il en sera encore ainsi demain ? Et s'il se trouvait à l'orée d'un recommencement ? Au fond, l'Évangile est là, mais on ne l'a pas encore vraiment beaucoup essayé...

Reste évidemment une question que certains posent aujourd'hui, y compris dans les rangs chrétiens : pourquoi les Églises ? Ne peut-on réussir la nouvelle sortie d'Égypte du christianisme sans Églises ? Déjà en ce moment, des groupes ou des individus se réclament ou, en tout cas s'inspirent du christianisme, sans éprouver pour autant le besoin de rejoindre une des Églises chrétiennes. Que nous réservent, à cet égard, les décennies qui viennent ? Qui dit qu'au sein même de l'Occident, le XXIe siècle ne va pas voir surgir des recompositions inédites, comme par exemple une forme d'agnosticisme chrétien. Et même, pourquoi pas, Dietrich Bonhoeffer en parlait déjà, l'avènement d'un christianisme non religieux, c'est-à-dire profondément soucieux de fidélité au grand souffle évangélique mais allégé d'un vocabulaire et surtout d'un mode de penser beaucoup trop datés.

Je n'exclus certainement pas ce genre d'évolution mais je mesure en même temps le danger de l'« intériorité pure », sans rite, sans Église et sans sacrement. Retenir la dimension mystique du christianisme en occultant sa forte implication sociale, son combat pour la justice, son organisation communautaire, la responsabilité, la liberté… et nous voilà très vite en pays sectaire. Bien sûr, la tentation sectaire menace et touche parfois les Églises à l'intérieur d'elles-mêmes, du moins dans tel ou tel de leurs courants. Il n'empêche, et j'en suis témoin, qu'une parole y circule, qu'un débat les traverse et qu'un pluralisme de fait les anime et même les secoue, ce qui est bon.

Les Églises aujourd'hui se trouvent de plus en plus confrontées à un public exigeant, adulte, un public qui entend sauvegarder sa liberté d'action au cœur même de son adhésion, un public qui réclame le droit de se séparer, sans aucune forme d'excommunication, un public qui n'adhère pas les yeux fermés, qui sait qu'il n'y a pas de fidélité sans invention, un public qui demande une nourriture forte et qui prétend décider en connaissance de cause.

Je ne décris pas là un public fantôme. Il existe. Je le côtoie. Minoritaire, peut-être, c'est à vérifier, mais vivant ! Et c'est cette minorité-là, jointe à une minorité laïque, qui aidera une société pluraliste à écarter les deux dangers qui la menacent : englober (récupérer) ou se retirer (couper), c'est-à-dire l'intégralisme d'une part, l'intégrisme et le sectarisme de l'autre. Dans le fond, le grand courage qui est aujourd'hui demandé au christianisme, et par lequel il fournirait un beau signe de maturité, pourrait s'exprimer dans un très simple paradoxe : accepter joyeusement d'être minoritaire sans devenir une secte.

« NE PARLE PAS TROP »

Au cœur de l'heureuse pluralité qui secoue aujourd'hui le christianisme, une question essentielle pour le dialogue avec les autres religions et avec le monde laïque divise les chrétiens : le témoignage. Il n'y a pas accord sur ce que signifie « témoigner ».

Que le christianisme se fonde sur une « bonne nouvelle » et que celle-ci doive être « annoncée », il suffit d'ouvrir le Second Testament pour s'en convaincre. Ce n'est donc pas la responsabilité chrétienne dans son fondement qui pose problème, mais la manière même de concevoir la communication de la foi. Et là, pour faire bref, en sachant que nombreuses sont les tonalités intermédiaires, deux grandes sensibilités s'affrontent.

Un courant « missionnaire » qui se veut fidèle à la « nouvelle évangélisation » n'a que faire des questions et des états d'âme : il faut parler. De là à dénoncer la « tiédeur » ou le « respect humain » de tous ces chrétiens — même des prêtres ! — qui mettent leur drapeau en poche, il n'y a qu'un pas.

D'autres chrétiens, au contraire — et ils sont nombreux — témoignent d'une grande réserve à l'égard de cette idéologie missionnaire et sont tentés de se réfugier dans la discrétion, parfois dans le silence.

Cette « tentation de silence » dont parlaient déjà Patrick Jacquemont, Jean-Pierre Jossua et Bernard Quelquejeu dans *Le Temps de la patience*[61] mérite d'être examinée de près, car elle est plus actuelle que jamais. La tentation d'un silence qui revêt différents visages : d'hésitation, de méfiance, de respect, d'interrogation…

Le *silence d'hésitation* traduit le malaise que certains éprouvent à l'égard de leur propre foi. On n'est pas au clair avec soi-même. D'autant plus que, dans son entourage parfois, chez des proches, des collègues, des amis, l'indifférence religieuse voire l'agnosticisme ou la non-croyance s'affichent de façon sereine et argumentée. Et puis, en définitive, n'est-ce pas le « vécu » qui compte, l'engagement social, la transformation de la société ?

Le silence — et de plus en plus souvent — peut être aussi *de méfiance,* voire *d'irritation* face à « la démangeaison de la parole cléricale ». On a trop parlé. On a surtout trop parlé d'« autorité » et on trouve essentiel que le christianisme fasse preuve d'un peu de retenue. Pas question de revenir en pays de chrétienté et d'assister à une nouvelle forme de mainmise cléricale sur les consciences.

Un troisième silence — je l'appelle *de respect* — souhaite simplement faire place à la conviction différente. Quoi qu'on en dise parfois, la tolérance a beaucoup progressé dans le monde chrétien, et le souci d'accueillir une parole « autre » n'a pas cessé de faire son chemin ces dernières années.

Mais il est une quatrième forme de silence — le *silence d'interrogation* — qui rejoint plus fondamentalement la question du témoignage : Pourquoi vouloir communiquer la foi ? Le faut-il absolument ? Pourquoi l'« autre » devrait-il croire comme moi ? On sent dans ce quatrième silence une méfiance viscérale à l'égard de tout prosélytisme, un refus de conquête, l'abandon de toute visée sur autrui.

Mais alors, comment concilier ce silence qui se veut de modestie et d'autocritique, avec la responsabilité d'annonce d'un « Évangile » dont le christianisme se dit porteur ? Une histoire — comme souvent — peut ouvrir un chemin.

Quand on a reçu le vent

Une merveilleuse parabole talmudique[62] raconte qu'au moment où Dieu veut créer le monde, il trouve, cachées sous son trône, les vingt-deux lettres de l'alphabet hébreu ainsi que la Torah, à l'état de germe. Dieu prend les lettres une à une, en commençant par la dernière. Finalement, il fait le monde avec la lettre *beth,* la deuxième, qui signifie « maison ». Rappelez-vous : *Bêt-El,* la « maison de Dieu ». *Bêt-léhém,* la « maison du pain »... *Beth,* « maison », « tente », « demeure » mais aussi « conflit », « dialectique », « dualité », « fertilité ». Tout un programme que cette lettre-là ! Mais la parabole ajoute que c'est la première lettre de l'alphabet, *aleph,* la lettre muette, qui devient la résidence du Seigneur. *Aleph,* c'est le souffle de Dieu, que l'on n'entend pas mais qui est bien là. C'est en elle, la lettre sans valeur vocalique, que Dieu se repose, qu'il se cache dans ce silence-absence au plus profond du monde et de chacun. Sans *aleph, beth,* la « maison » ne serait pas habitée. L'urbaniste le sait bien. L'architecte aussi. Et l'artiste. Et le poète. Pour que la maison soit belle, pour que la ville soit vivante, pour que le jardin soit fleuri, il faut réunir les deux premières lettres de l'alphabet, *aleph,* le silence, le voilé, le caché, la lumière primordiale, et *beth,* la matière, la dureté, le combat, le tragique du monde.

Comme je comprends Claude Vigée lorsqu'il nous confie, au terme de la parabole : « J'ai très souvent dans ma vie, par besoin, par soif de joie, peut-être parce que c'était là ma véritable tâche, mon plaisir en tout cas, effectué mon retour vers le royaume muet de l'*aleph.* C'est là une expérience directe, accessible à tous. Elle est saveur incomparable... Elle nous sauve de toutes les nuits du monde et sans doute aussi de la nuit de la mort. »

N'est-ce pas là un bon silence, un cinquième silence, le *silence de témoignage,* un silence qui au dire de David lui-même demande « une oreille profondément creusée » (Ps 40).

Ce silence ténu que le prophète Élie entendra sur la montagne de l'Horeb, un silence d'après vent et d'après feu, Lucien Guissard l'évoque à sa façon dans l'étonnante parabole d'un instituteur devenu berger[63].

Ce n'est pas une histoire de fuite et l'auteur tient à le préciser : « Le berger sur la montagne ne se débarrasse pas du monde ; autrement, il larguerait aussi les moutons. » Mais c'est bien de témoignage qu'il s'agit, et d'une nécessaire sobriété de la parole, comme on l'entend dans les derniers mots du berger à son visiteur : « Ne parle pas trop. Quand on a reçu le vent, cela se voit sur le visage. »

Ne parle pas trop... Ne pas trop parler, ce n'est pas se taire, mais parler « juste », être plus « évoquant » que « confessant », et accueillir la petite lampe palestinienne, la seule de la maison, dont l'Évangile dit qu'il ne faut pas la mettre « sous le boisseau ».

Ne pas trop parler demande d'entrer dans la longue durée de l'écoute. Je ne crois pas au dialogue, au dialogue entre chrétiens et laïques en particulier, sans un accueil de la lenteur. Pour permettre à d'autres réponses de voir le jour, il faut de la continuité, de la persistance, de la confiance et « la capacité de se maintenir dans l'insatisfaction », dit Maesschalck. Comme les auteurs du *Temps de la patience,* je crois aussi qu'il faut défendre « le silence du temps d'exister », dépasser les étiquettes, surmonter les classifications, créer un climat, « *entendre* de quelle profondeur les mots jaillissent » et croire que l'autre peut encore nous réserver une surprise.

Pourquoi toujours « proclamer », et si vite, comme s'il s'agissait du seul mode de communication évangélique ? N'est-ce pas la peur souvent, plus que le témoignage, qui précipite la répétition d'une parole là où il s'agit d'innover, d'inventer, de tirer un vin nouveau et de le placer dans des outres neuves ?

Ne pas trop parler, c'est aussi, plus que jamais, « choisir la parole que l'on va dire ».

Le christianisme a beaucoup trop répété, trop commenté, trop réglementé, trop englobé.

Renvoyé à sa singularité, voici venus pour lui le temps de l'allègement et l'heure de la sobriété. Que répond-il aux nombreux centurions qui, près ou loin de Capharnaüm, lui demandent aujourd'hui : « Dis seulement une parole » ? Quel est le trésor caché dans mon champ ? Quelle est la perle fine qui mérite que je lui sacrifie tous mes autres biens ? Kierkegaard posait déjà la question dans son journal : « Quelle est la parole unique à dire ? » Unique. Audible. Faite sienne. Ce n'est pas un jeu mais une responsabilité. Choisir une parole demande d'en passer d'autres sous silence, de se recentrer, d'aller droit au but, mais de garder l'ouverture, la pluralité.

A chacun de proposer son chemin…

Je me risque à dire l'agenouillement de Dieu au soir du Jeudi Saint. Voilà, pour moi, le geste le plus inouï de l'Évangile, le plus déconcertant, le plus fou, le plus incompréhensible : un Dieu « à ras du sol », dit Jean-Yves Quellec, et qui « se plaît à hauteur d'homme ».

Il y a quelque chose de dramatique dans la scène du lavement des pieds. Puisque, décidément, les compagnons de toujours n'ont encore rien compris à la grandeur de l'homme, Jésus, dans un testament provocant, presque désespéré, va tenter d'arracher un ultime consentement. Dans la gravité du moment, sachant son heure venue et son arrestation toute proche, il aurait pu décider de laver l'âme de ses disciples. C'eût été plus facile et elle en avait besoin ! Mais non : les pieds ! Avec un peu d'eau, un Dieu en tablier casse l'antique rapport entre la violence et le sacré. Car il ne s'agit pas de vivre à genoux. C'est le contraire : de se lever parce que Dieu s'abaisse. Du coup, les murs s'écartent, le monde bascule, la peur s'enfuit et l'homme se retrouve sur ses pieds : « Lève-toi et marche ! » Voilà la perle rare du christianisme et sa plus grande audace : la mise à nu d'un Dieu dont l'épître aux Philippiens dit qu'« Il s'est vidé lui-même, prenant forme d'esclave… » (Ph. 2, 7). Pour tenter d'exprimer ce mouvement de sortie de soi, les théologiens parlent de *kénose* (du grec *kenôsis,* « vacuité »). Derrière le mot trop savant et impossible à traduire de façon satisfaisante, il faut entendre plus que l'abaissement d'un Dieu dépouillé de ses attributs. J'y vois la mort d'une jalousie et la naissance d'une rare amitié : «Je ne vous appelle plus serviteurs (...) je vous appelle amis» (Jn 15, 15).

Dans le même esprit, j'aime évoquer ici le *Tsimtsoum*[64] de la mystique juive, du verbe hébreu *letsamtsem*, «contracter», «concentrer». Le *Tsimtsoum*, c'est le retrait de Dieu après la création : Dieu se contracte, Dieu se limite. Il ouvre un espace. Il crée un écart. L'homme n'est pas perdu dans la totalité du divin. Dieu n'est pas dispersé dans la multiplicité de l'humain. «Il faut la toute-puissance pour créer un autre, non un reflet... Il faut une mystérieuse faiblesse pour donner à cet autre l'espace de sa liberté[65].»

Dans l'agenouillement du Jeudi, la «mystérieuse faiblesse» s'approche comme jamais, mais elle offre un écart, elle ouvre un entre-deux : la distance qui permet la transcendance.

L'agenouillement est une parole de transfiguration.

Je n'ai pas oublié «le noyé le plus beau du monde».

Les histoires que les uns et les autres racontaient sur l'homme étaient, bien entendu, des histoires sur eux-mêmes. «Chaque corps est le commencement d'une longue conversation.» Le corps mort de cet homme ressuscitait leurs rêves, rallumait leur communauté. Ce n'est pas de sa beauté à lui qu'ils parlaient, mais de la leur. «Avaient-ils vraiment, une fois, été beaux ?» demande Rubem Alves.

«Le noyé le plus beau du monde» leur faisait oublier un moment que la vie est difficile. «Si difficile, commente André Comte-Sponville, si fragile, si brève, qu'on ne saurait s'étonner que beaucoup, aujourd'hui, cherchent des consolations ou des garanties, fussent-elles fantasmatiques. Je ne leur reproche rien et même je conçois que la vie puisse être ainsi plus facile. Mais pour ma part j'essaie plutôt, comme dirait Rilke, de me tenir au difficile. J'essaie de vivre et de penser à découvert (...). J'essaie d'être sage. Je veux parler de cette sagesse qui serait à peu près à l'athéisme ce que la sainteté est à la religion : l'extrême de vivre[66]. »

Le christianisme va devoir se tenir au difficile. Entendez bien. Je ne dis pas « au compliqué ». Moi aussi, j'ai besoin de légèreté, de respiration. Le difficile ne repousse pas la joie. Je crois même qu'il l'appelle. Mais quoi de plus difficile que le non-compliqué. Se tenir, par exemple, aux Béatitudes, à la douceur, à la paix. « Si vous ne devenez pas comme des enfants... » (Mtt 18, 3). Nous avons tous à marcher vers notre simplification, mais vous savez bien que ça demande un long retournement et un dur combat.

Le christianisme va devoir retrouver son enfance.

Le christianisme va devoir retrouver sa vigueur, sa verdeur peut-être, sa capacité de bouleversement.

Le christianisme va devoir vivre et penser à découvert.

Je veux croire que le dialogue avec la laïcité pourra l'y encourager et que l'un et l'autre trouveront quelque bonheur dans l'extrême de vivre.

QUATRIÈME PARTIE

TRAVERSER LA MER ROUGE

LA PATIENCE ET LA PASSION

Si on veut bien se le rappeler, le leitmotiv qui traverse ce livre consiste à répéter que chrétiens et laïques ont intérêt à faire route ensemble et que, loin de les affaiblir, un dialogue ouvert et serein viendrait plutôt conforter leurs originalités respectives. Mais le propos n'est pas seulement ni même d'abord de « sauver » chacun des deux partenaires. L'enjeu est bien plus fondamental. Pour conduire la modernité au-delà d'elle-même et retrouver, surtout en Europe, un sens qui nous concerne encore, la rencontre entre chrétiens et laïques — peut-être serait-il plus exact de dire entre « christianité » et laïcité — se situe au cœur et peut-être même comme le moteur du triple rendez-vous, difficile, qui s'annonce à l'aube du prochain millénaire : entre chrétiens, entre religions, entre « croyance » et « non-croyance ».

Il y a urgence. Le monde est une poudrière. La génétique galope. L'argent assassine tous les jours en silence. Les institutions sont fatiguées. La démocratie elle-même se cherche un nouveau souffle.

Dans une société émiettée où les repères normatifs restent nombreux mais disséminés, si on veut éviter le retour à l'autoritarisme ou la dislocation dans l'éparpillement post-moderne, il est essentiel de mettre des ressources en commun, d'inventer des projets, d'imaginer de nouvelles synthèses. Et de le faire ensemble. Personne ne peut dire, seul, quel est le juste, le bon. Personne ne peut revendiquer, seul, le fondement d'un comportement moral. Nous sommes, chacun, en chemin de vérité et nos différences d'approche sont vitales. Mais «dialoguer» ce n'est pas se rencontrer par forteresses interposées.

De l'air s'il vous plaît! Ne sentez-vous pas que de nouvelles balises se cherchent, qu'une jeune harmonie tente de s'exprimer, que de nombreux citoyens aspirent à une meilleure qualité relationnelle et, finalement, à un mieux-vivre ensemble? Il est grand temps de dépasser les jugements à l'emporte-pièce, les enfermements confessionnels ou idéologiques, pour enfin marier les libertés, ce qui veut dire aussi partager les vulnérabilités.

Il y a urgence. Mais la précipitation ne ferait rien progresser. Comment donc, pour reprendre l'expression de Thomas Merton, conjuguer la «patience» et la «passion», l'attente active «à l'orientale» et la volonté de résultats visibles, immédiats «à l'occidentale[1]»?

Les réflexions qui suivent n'ont évidemment pas la prétention d'épuiser la question. Mais il faut avancer, proposer, débattre et prendre le risque de suggestions concrètes. Pour traverser aujourd'hui la mer Rouge du dialogue entre chrétiens et laïques et passer «à pied sec», Moïse doit lever son bâton et tendre la main à plusieurs endroits. Je suggère de fendre les eaux à trois reprises et d'ouvrir un chemin philosophique, un chemin politique et un chemin spirituel.

Quand je parle d'un *chemin philosophique,* il ne faut pas entendre le mot dans sa seule acception technique. Je veux dire qu'avant de progresser ensemble dans des matières politiques précises, chrétiens et laïques doivent oser aborder des interrogations essentielles (le mal, la mort…), mais se redire aussi comment ils conçoivent la relation entre raison et conviction. Une manière de reconnaître, à ce propos, un héritage commun, ne serait-elle pas de réaffirmer ensemble l'Occident ?

Le chemin politique n'est pas facile à tracer. Et pas uniquement parce que, sur ce terrain-là, les attitudes restent souvent figées et les a priori difficiles à surmonter. En cause, la grande diversité des situations d'un pays à l'autre. On a vu qu'à cet égard il fallait parler de laïcité au pluriel tant il est vrai que les laïcités opèrent dans des contextes vraiment différents. Sans entrer dans les détails et en se contentant simplement d'esquisser ce chemin politique, on évoquera quelques problèmes frontières comme l'accueil de l'islam ou l'ouverture de l'école aux cultures religieuses et laïques.

Par-delà le « politique » et dans le prolongement du « philosophique », on sent qu'un troisième chemin s'affirme et se précise depuis quelques années : un *chemin spirituel.* Dans et hors confessions, des hommes et des femmes confrontés à l'énigme d'exister disent leur souci d'accueillir ensemble « l'innombrable parole d'une Parole unique et les innombrables figures d'un unique Mystère[2] ». Voilà bien un lieu où « patience » et « passion » ont toute raison de se rencontrer : la passion de confronter ses interrogations ultimes et la patience d'entrer dans un compagnonnage où « foi avec religion » et « foi sans religion » ont beaucoup à s'apporter.

UNE TRAVERSÉE PHILOSOPHIQUE

« Des passants crièrent un jour à un pauvre cavalier emporté par un cheval emballé : Où vas-tu ? Il répondit : Je ne sais pas, demandez au cheval !… On a un peu cette impression avec la civilisation occidentale, commente Jacques Vigne. On ne sait pas où elle va, mais on sait qu'elle y va vite[3]. »

Fatigué, usé, crispé, stressé, emballé, déboussolé… les vêtements qualificatifs ne manquent pas pour recouvrir un Occident dont certains disent qu'il importe de le ré*orienter*. Mais dans quelle direction ? De quel Orient parle-t-on ? Où se trouve-t-il cet Orient mythique auquel l'Occident ne cesse d'implorer la guérison de quelque chose ? Chercher ainsi des perles d'un bel Orient, serait-ce une manière de parler de soi, d'avouer son manque ? Une façon de voyager vers le Levant en direction de sa naissance ?

Je ne veux surtout pas repousser l'Orient, sa pensée de l'*Unité*, son sens du Même, son accueil du « divin », sa recherche de « sérénité », de « maîtrise », d'« abandon », de « libération de l'esprit ». Pour respirer, nous avons besoin de deux poumons. Mais justement, ces derniers temps, n'avons-nous pas un peu trop négligé ou caricaturé le poumon occidental ? Comparons notre mentalité à celle de l'Asie bouddhique ou taoïste, propose Jean Grosjean : une comparaison entre « ce que nous avons de mieux » et « ce qu'elle a de mieux ». Qu'est-ce qui nous sépare ? Ne serait-ce pas « l'importance que nous accordons exclusivement à toutes les personnes » ? « Nous avons moins souci du cosmos que l'Inde ou l'Extrême-Orient. Nous regardons d'un peu loin l'expérience du vide, les cures de désillusion, la pratique de l'indifférence. Nos mystiques évitent de se dissoudre. Leurs extases sont encore des mouvements. Et nous avons des philosophes qui parlent de l'être comme de quelqu'un[4]. » Vous m'entendez bien : je ne cite pas Grosjean pour opposer l'« hémisphère sémitique » à l'« hémisphère hindouiste » mais parce que je suis convaincu que les Occidentaux doivent redécouvrir l'Occident. Non pas « contre » mais « pour » un dialogue qui, demain, même localement, sera de plus en plus planétaire.

Un Irlandais, au Japon depuis quinze ans, racontait, devant les statues géantes du Bouddha : « En vivant ici, on n'analyse plus, on est immergé[5]. » Peut-être l'Occident a-t-il trop « analysé », calculé, mesuré, en oubliant le centre, le moyeu de la roue ? Mais se recentrer ne signifie pas négliger l'analyse. Et là, le « vieux » continent européen peut encore beaucoup apporter.

Quelle chance, l'Europe

Le dit-on assez : l'originalité européenne est une chance formidable, et pas seulement pour l'Europe.

Une chance de pluralité, d'abord. Regardez cette terre « labourée d'invasions ». Que de fois la charrue l'a traversée, au prix de quelles blessures, et de quels ensemencements ! Quel bouillonnement, l'Europe, et quelle diversité : Athènes, bien sûr, et Jérusalem, mais Rome aussi, et Moscou, et Constantinople. On l'a trop oublié : c'est en Europe que le « Nouveau Monde » a commencé.

Une chance de curiosité aussi. Parfois pour le pire. Car

la découverte de l'« autre » pouvait s'appeler conquête, mission, prétention, colonisation. Mais une chose est sûre : l'Europe ne s'est pas enfermée. Et sa volonté de « sortir », de se risquer face à l'inconnu, d'oser la différence, de reconnaître l'« ailleurs », lui donne une capacité d'ouverture à l'altérité assez exceptionnelle.

Une chance d'autocritique, enfin. Car l'Europe ne se nourrit pas à une seule racine. Ricœur l'a suffisamment affirmé : un de ses plus grands apports, c'est d'avoir réussi la cohabitation du christianisme et de la pensée critique, ce qui n'existe nulle part ailleurs, ni dans l'islam, ni en Extrême-Orient. Bâtie au carrefour de la sagesse grecque, du prophétisme biblique et de l'utopie évangélique, « l'Europe est une tradition qui ne se satisfait jamais de sa tradition », se plaît à répéter l'écrivain Éric Weil, et donc une interrogation sans cesse en éveil.

Pourtant, l'homme européen paraît tellement déçu, découragé, désabusé... Peut-il encore métisser la raison et la conviction, remailler son bel habit pluraliste, retrouver son sens exceptionnel de la conjugaison ? Peut-il reprendre à neuf l'inouï de l'aventure européenne, la revisiter, la réinventer ? En d'autres termes, comment redonner chance aux trois chances qui ont bâti l'Europe : la pluralité des sources, la curiosité de l'autre et l'aptitude à l'autocritique ? Christianisme et pensée critique peuvent-ils à nouveau « cohabiter », et de quelle manière ?

Je ne dis pas seulement qu'ils le peuvent, je prétends qu'ils le doivent. Et sans vouloir élaborer un programme de travail, je me risque à esquisser, parmi d'autres, quelques pistes où cette originalité européenne mériterait d'être ressaisie. Pour l'exprimer de manière ramassée, il me paraît important de retrouver le sens du tragique, de dire où nous allons, d'oser formuler un vrai projet culturel.

Retrouver le sens du tragique

J'ai parlé plus avant d'un double trop-plein. Le trop-plein d'absolu, sectaire ou intégriste, chacun en convient aujourd'hui, provoque d'importants ravages. Parle-t-on assez du trop-plein de relatif et des réels dégâts qu'entraînent les spiritualités désincarnées et individualistes lorsqu'elles oublient le sens de l'histoire, passent au bleu la dimension collective et effacent ou font semblant de gommer les aspérités du chemin ? Il ne suffit pas de dénoncer ou de prononcer vite le mot *fuite*. Le succès des différents « ésotérismes », l'accentuation de l'irrationnel et la précipitation dans la nébuleuse du Nouvel Age s'expliquent aussi par la faiblesse des réponses occidentales à des questions importantes comme l'évolution de la science, l'équilibre écologique de la planète ou même le devenir spirituel de l'homme.

A cet égard, je suis intimement convaincu que le christianisme a besoin de la laïcité, de sa vigilance critique, de son attention aux droits de l'homme, en un mot de son sens aigu des vertus républicaines. Je les vois bien, ensemble, replonger dans un terreau sémitique commun, réentendre le « tutoiement des prophètes », accueillir la protestation de Job et retrouver le sens biblique de la responsabilité. Car il ne suffit pas de « lâcher prise ». Il faut encore choisir et donc s'engager. Laïques et chrétiens ont beaucoup à partager sur ce terrain-là. En osant rapprocher Dostoïevski, Camus, Job, la tragédie grecque et l'apocalypse de saint Jean… il leur appartient de retrouver ensemble le sens du tragique et d'oser confronter la fragilité évangélique à la philosophie des Lumières, en abordant, par exemple, le problème du mal.

Il n'y a pas que l'incroyant qui se heurte au « mystère » du mal. Le croyant aussi. Car le mal dépasse la liberté de l'homme. Au-delà d'Auschwitz, au-delà du goulag, au-delà de Barbie, de la démission, de la lâcheté, de l'ignominie, de la torpeur collective, le mal est cosmique, il dépasse l'humain, il emporte l'enfant dans une avalanche de boue ou dans une leucémie. Faut-il alors, comme le jeune Ivan Karamazov, « rendre son billet à Dieu » ?

Beaucoup d'athées le pensent. Certains chrétiens aussi. Dieu serait-il donc pire que le pire des hommes ? Pourtant le christianisme vient défataliser l'histoire et affirmer que Dieu souffre de la souffrance de l'homme. Quel est donc ce Dieu qui n'intervient pas, par toute-puissance ou par impuissance ? Michel del Castillo, dont l'œuvre ne cesse de traquer cette question du mal, confie à un moment : « Le mal qui ravage le monde ne m'étonne absolument pas. Ce qui m'étonne, c'est qu'au cœur des folies, des barbaries et des cruautés, des hommes et des femmes se lèvent toujours pour dire non. » Devant le défi que le mal représente pour la philosophie et si l'explication échoue, le problème bascule alors et change de nature, dit Ricœur : « Il n'est plus de savoir d'où vient le mal, mais comment le diminuer. »

S'ils choisissent de retrouver le sens du tragique, chrétiens et laïques n'échapperont pas à la question : comment vivre ensemble avec le scandale du mal et, surtout, comment s'épauler pour mieux l'affronter ?

Dire où nous allons

«Où vas-tu?» demandaient les passants au cavalier emporté par le cheval fou. Le premier service que l'Europe peut rendre aux autres continents, c'est de dire où elle va et donc de pousser loin le dialogue avec la civilisation de l'action.

L'Amérique est chez nous. Je devrais presque dire : en nous. Par sa langue. Par sa science. Par sa gestion. Par ses sectes. Par ses médias. Mais aussi par son irrationnel, par son moralisme, par sa production... On produit. Mais quoi? Des objets, oui, de l'imaginaire surtout, de la représentation. Et qui commande cette production-là? Des hommes d'affaires? Des financiers? Des trafiquants? Et qui les commande, eux? Je crois que ce qui commande ce monde, c'est l'angoisse, affirme Bellet, «la violence sous forme d'angoisse». Et quand cette violence-là abandonne des régions entières sur le champ de bataille de l'histoire, il n'est pas question de garder la tête dans le sable.

Va-t-on continuer? Je veux dire : va-t-on continuer longtemps à imiter l'Amérique? Je ne voudrais pas être mal compris. Des valeurs américaines méritent d'être prises en compte. L'Amérique, c'est plus que l'Amérique. C'est une façon de penser. Et cette façon-là, je ne propose pas de la fuir mais de l'affronter, au cœur même de l'efficacité, de la conception technicienne de l'action humaine. N'est-ce pas le moment de renouer un pacte nuptial avec la terre, demande Olivier Clément, et de renoncer à y voir «soit un décor plus ou moins agréable soit un réservoir d'énergies industrielles qui seraient inépuisables, ce qui n'est pas vrai[6]». Autrement dit, l'Europe — ça veut dire vous, moi... — trouvera-t-elle l'audace et le courage de diminuer la production, de la réorienter, et donc de proposer un nouveau modèle de développement ?

Dans le même esprit, l'Europe est-elle prête à renouer un pacte avec la science ?

En quelques décennies, la science s'est largement dédogmatisée et je considère comme une remarquable leçon de modestie l'humilité de nombreux savants qui acceptent de marcher de vérités provisoires en vérités provisoires. Il n'empêche que face à la griserie du possible et devant d'extraordinaires enjeux économiques, l'angoisse prend à la gorge quelquefois. La terrible expérience du XXe siècle invite à réinterroger en profondeur le concept même de civilisation. Le christianisme n'est pas seul à naviguer à l'aveugle. Par certains côtés, les Lumières aussi font route dans le noir. Ni elles ni lui n'ont pu empêcher des génocides à répétition. Et les fabuleuses avancées technologiques dont nous sommes souvent les bénéficiaires n'ont pas fait reculer l'incroyable misère d'une partie importante de l'humanité. J'admire l'avancée scientifique. J'en suis témoin dans ma propre université et je veux rendre hommage au remarquable travail des chercheurs, à leur esprit de créativité, à leur capacité d'imagination. D'où l'importance, non pas de moins chercher, mais d'orienter cette recherche et de penser cette science pour que la liberté soit réellement au service d'un mieux-être de l'homme, d'une plus grande solidarité.

Solidarité, un des premiers mots à faire chanter au cœur de cette civilisation de l'action, lorsque la rationalité instrumentale en arrive à défigurer le visage même de l'homme et à laisser sur le carreau trop de voisins de palier. L'Europe dont toute l'histoire raconte la confrontation à l'autre saura-t-elle renouer un pacte avec la solidarité à laquelle les jeunes générations se montrent si sensibles, et donc rencontrer la détresse des populations les plus défavorisées ?

Oser un projet culturel

Pour animer et donc orienter cette civilisation de l'action, pour en débusquer les impasses, pour oser en nommer les cynismes, les corruptions, voire quelquefois les horreurs, je l'ai dit, et c'est très exigeant : il faut en être et se salir les mains. Ce n'est pas qu'une question de bonne volonté ni même de volontarisme. Cela suppose un souffle et donc un projet : un grand projet culturel européen. Jean Monnet, un des pères de l'Europe, le disait déjà : une simple union politique ou économique ne peut suffire à assurer un avenir solide et stable aux démocraties européennes.

Le patrimoine européen est immense et remarquablement diversifié. C'est évidemment sa force mais aussi sa fragilité. Va-t-on vers un avenir commun, une voix au cœur multiple, ou vers un éclatement culturel, où chaque culture, chaque ethnie se replie sur sa frileuse identité ? Loin de moi l'idée de renier ou de réduire les particularités. Au contraire. Il s'agirait plutôt de les mettre en lumière dans un projet audacieux qui à la fois les valorise et les dépasse. Ce n'est pas simple car les peuples qui composent et composeront l'Europe économique et politique ont traversé des histoires et des imaginaires tellement différents. Le pari de faire vivre ensemble, aussi harmonieusement que possible, des traditions qui relèvent des Lumières, de l'islam, du bouddhisme ou du judéo-christianisme n'est pas gagné d'avance. Là encore, je me demande si une rencontre plus approfondie entre laïques et chrétiens ne peut pas apporter une pierre originale à ce vaste projet et aider, même lentement, à des convergences que l'on devine difficiles et délicates. Je suis convaincu que la laïcité va devoir évoluer. Dans une Europe plus culturelle, les différentes laïcités « à la belge », « à l'anglaise », « à la française » ou « à l'italienne », seront amenées à se demander, dans le respect des pluralités, ce que pourrait signifier une laïcité « à l'européenne ».

Mais le christianisme ? Lui aussi, on l'a vu, se trouve en pleine évolution. Déjà minoritaire, il sera de plus en plus « post-idéologique » et « post-sociologique » pour reprendre le vocabulaire d'Olivier Clément. C'est une chance, y compris pour la laïcité. Car ce christianisme-là, plus désintéressé que par le passé, mais plus spirituel aussi, et fort de son double enracinement (grec et sémitique) pourra alimenter intelligemment le débat entre raison et conviction.

Je vois donc là comme une véritable originalité de cette Europe culturelle, une conjugaison que je n'ose pas appeler nouvelle mais renouvelée entre pluralisme religieux et pluralisme humaniste. Et je prétends que pour favoriser ce rapprochement-là, il est important d'inventer ou de développer — car il en existe déjà — des lieux originaux, des laboratoires pluralistes, où mémoire chrétienne et mémoire laïque dialoguent.

L'Europe et même, par-delà, l'Occident, ont besoin de ce « front commun » pour garantir, dans un espace public laïque, l'authentique épanouissement de convictions tellement diversifiées.

UNE TRAVERSÉE POLITIQUE

Je l'ai dit tout au long du parcours et je souhaite le répéter encore : le dialogue n'est pas une concession, un compromis, mais la reconnaissance d'un manque, l'aveu d'un besoin, l'affirmation d'une insuffisance. Pas question, donc, d'un accord facile. Une rencontre qui ne ferait pas pleinement droit à l'originalité de l'autre serait mensongère et sans lendemain.

Dans les pages qui précèdent, en parlant de réaffirmer l'Occident, de retrouver le sens du tragique et de dire où l'on va, j'ai tenté d'indiquer un esprit, convaincu que la véritable traversée commune passe par un rapprochement sur des questions de fond. Mais cette réflexion ne doit pas rester en chambre. Pour que les mentalités évoluent, il faut sortir du bois, avancer par plusieurs chemins et poser, même à petite échelle, des gestes concrets.

Approfondir un humanisme pluriel

Lorsqu'on parle de chemins à parcourir en commun, on évoque généralement le très vaste domaine des droits de l'homme, l'ouverture au tiers monde, l'accueil des exclus, les avancées de la justice, le souci de l'« humanitaire », les combats culturels, le travail éducatif, bref ce qui relève de l'attention au prochain. Je ne voudrais surtout pas réduire ce champ important où laïques et chrétiens, à l'intérieur de gouvernements et d'associations multiples, travaillent déjà à la construction commune de la cité. Il est magnifique de se battre ensemble pour que l'individu devienne une personne. Mais je suis convaincu que la pratique d'un humanisme pluriel doit encore largement s'approfondir dans une société qui reste très clivée. N'est-il pas important que chacun, par-delà son appartenance philosophique ou religieuse, rejoigne une appartenance plus large? Cela suppose une bien meilleure connaissance de l'autre et donc le courage d'entreprendre ensemble, et en profondeur, un travail sur le pluralisme et sur la mémoire.

Il fut un temps où certains milieux chrétiens ne voulaient même pas entendre prononcer le mot *pluralisme* car ils y voyaient le lieu de toutes les trahisons et l'abandon programmé de toute identité. Les temps changent et les écrits aussi. Ainsi, en juin 1997, lors de la session annuelle du Conseil pastoral interdiocésain flamand, à Anvers, l'ordre du jour était précisément consacré à « l'identité chrétienne dans une société pluraliste ». L'évêque du lieu, monseigneur Van den Berghe, devait y dire notamment : « On réfléchit trop peu ou de manière trop peu nuancée sur la portée du pluralisme. » Et l'évêque d'Anvers d'insister sur la nécessité pour l'Église de « faire droit à la diversité », de « se montrer crédible à travers ses dirigeants et ses structures » et de laisser voir alors « sa capacité d'être au service des sociétés modernes et pluralistes ».

Il ne suffit pas de le déclarer, bien entendu, mais de le pratiquer et de poser des gestes, notamment des gestes symboliques, qui donnent confiance et confortent les assises de cet humanisme pluriel. Ainsi, depuis plusieurs années, en France et, plus récemment, en Belgique, des évêques acceptent de débattre dans des loges maçonniques. Il est bon que pareil événement interroge les mentalités et encouragent de nouvelles ouvertures Sur un tout autre plan, la mise à disposition plus fréquente de lieux de culte pour certaines activités culturelles publiques, dans des conditions de respect et de dialogue, pourrait aussi favoriser les évolutions et faire naître des collaborations originales.

Ne serait-il pas heureux d'organiser, entre chrétiens et laïques, des assises annuelles et des débats locaux où, ensemble, ils débattraient précisément de ce pluralisme et de valeurs susceptibles de fonder un avenir commun ? Pourquoi des mairies, des paroisses, des ligues, des centres d'action laïque ne prendraient-ils pas l'initiative de pareilles confrontations ?

Je m'en voudrais de laisser croire que c'est le désert en la matière alors qu'en certains lieux, et depuis des années, des « rencontres pluralistes » réunissent un public vivant et publient des documents stimulants. Je souhaite simplement que ces expériences pionnières soient plus connues, encouragées et multipliées.

Approfondir cet humanisme commun exige la vérité de la démarche et demande donc un important travail sur la mémoire. A cet égard, ce qui est vrai du dialogue interreligieux vaut aussi pour le dialogue chrétiens-laïques : il ne suffit pas, même si c'est vital, de faire mémoire des traditions auxquelles chacun se réfère. Il importe encore de jeter des ponts entre ces traditions et la conscience contemporaine et donc de les interpréter « à la lumière du principe de laïcité », ce qui ne devrait pas poser problème si on veut bien entendre derrière le mot *tradition* la signification vivante qu'en propose Jérôme Vignon : « un patrimoine d'innovations successives traversées par une inspiration commune, en vue, précisément, de surmonter les crises[7] »

Résister aux obscurantismes

La montée des intégrismes et autres sectarismes déconcerte et fait peur. Inutile de développer ici, après tant d'autres, les analyses qui tentent d'expliquer le succès de ces prosélytismes ambigus et parfois violents. Bernard-Henri Lévy parle de la « pureté dangereuse » pour approcher un mal qui, à ses yeux, risque encore de s'amplifier. Et ce mal porte un nom : le refus de la différence. D'autres analystes se demandent s'il ne faut pas chercher plutôt dans l'indifférenciation la source de tous ces maux. Ainsi, pour José Reding, ce serait l'imposition d'une « cuisine unique », d'un « espéranto du sens » qui pourrait le mieux expliquer ces crispations identitaires et nationalistes. Ceci sans négliger l'importance du facteur social, car il ne faut pas confondre les intégrismes « bourgeois » et plutôt folkloriques qui visent à sauvegarder des privilèges ou des habitudes, et les intégrismes « sociaux » alimentés par le chômage, la misère et l'absence de perspectives décentes.

Il n'empêche qu'il faut agir. Les sectes et les intégrismes se mêlent parfois, bien plus qu'on ne l'imagine, au quotidien très ordinaire et peuvent donner le change en présentant un visage rassurant. Pourtant, tous les jours, des vexations, des chantages ou des menaces de mort mettent en péril les libertés les plus fondamentales. Face au surgissement et à l'ampleur de ces phénomènes parfois difficiles à cerner, on ne s'en sortira pas par la politique du slogan ou la répétition quasi magique dc petites phrases assassines. Il faudra sincèrement coopérer et se montrer opérationnel. Je ne prétends pas qu'a priori l'opérativité chrétienne sera nécessairement la plus efficace, mais son « expertise » en la matière, nourrie par une solide autocritique, mérite d'être prise en compte. Je suis donc convaincu, contre des idées trop reçues, que les laïques, plus peut-être qu'ils ne l'imaginent, pourraient avoir besoin de la résistance des chrétiens face au développement des obscurantismes. Pour débusquer et déraciner ces douloureuses atteintes aux libertés, ne faut-il pas, plus que jamais, conjuguer deux expertises ? Celle des droits de l'homme, où les laïques ont beaucoup investi, mais sans négliger le regard évangélique capable d'éclairer le fonctionnement des religions, jusques et y compris dans leurs bas-fonds les plus obscurs.

Accueillir l'islam

Lorsqu'on parle d'intégrisme aujourd'hui, on évoque presque inévitablement le monde musulman. Et là, le plus souvent, pour diaboliser l'islam. Il ne s'agit pas de nier la violence de certains groupes terroristes, ni de passer sous silence une crise très réelle de la pensée islamique. Que l'islamisme — à ne pas confondre avec l'islam — veuille se protéger de la « souillure » du regard critique, au nom d'une fidélité littérale à ses sources, ne facilite certainement pas le dialogue. Et qu'il développe, au même moment, un prosélytisme douteux, ambigu, parfois agressif et très dérangeant n'est pas de nature à encourager de nouveaux rendez-vous. Mais c'est oublier un peu vite que d'autres avant lui sont passés par là, à commencer par les Églises chrétiennes, la catholique en particulier. N'ont-elles pas connu les mêmes élans missionnaires, les mêmes dogmatismes et parfois les mêmes intégrismes ? Et n'est-ce pas grâce à la pression extérieure des laïques que les évolutions futures sont devenues possibles ? Oublier aussi que, même en ces années difficiles, l'islam reste plus multiple, plus pluriel et même plus contradictoire qu'on ne veut bien l'admettre. Parce que enfin, lorsqu'on voit les évolutions qui secouent la société iranienne, la guerre civile en Algérie, les laïcités turque ou égyptienne, les talibans d'Afghanistan ou le voile de jeunes filles ouvertes à la modernité… peut-on vraiment parler d'une pensée unique ?

Comment oublier que le mot *islam*, dans ses racines mêmes, signifie « abandon libre et total à Dieu » ? Comment taire le fait que l'acte de *lire* le Coran et plus encore, de le psalmodier, relève d'une vénération qui mérite respect et attention ? Comment ignorer qu'au départ et pendant des siècles, en tout cas jusqu'au début du XIe, l'islam s'est trouvé très à l'aise avec la raison critique et l'interprétation ? N'est-ce pas grâce à lui que l'Occident a pu accéder à la pensée grecque ? Qu'on pense à l'illustre médecin et philosophe iranien Avicenne qui n'a voulu ignorer aucun des savoirs de son temps. Ou encore, un siècle plus tard, au grand commentateur d'Aristote, le savant andalou Averroès, chantre de la diversité des sensibilités et des cultures. N'est-ce pas sur cette chaude et chaleureuse terre d'Andalousie qu'aux IXe et Xe siècles déjà, les trois grands monothéismes se sont respectés et même fécondés mutuellement ?

Et qu'on ne dise pas trop vite qu'il s'agit là d'une histoire ancienne, en oubliant que des courants mystiques comme le soufisme animent encore par l'intérieur l'islam contemporain.

Pourquoi ce qui fut un jour « miraculeux » ou simplement possible ne le serait-il plus ? C'est ici que chrétiens et laïques doivent se sentir interpellés, à la jointure du social et du culturel. Car il dépend d'eux, peut-être plus qu'ils ne l'imaginent, de conforter les tendances qui, à l'intérieur de l'islam, aspirent à l'ouverture. D'encourager, par exemple, les jeunes Maghrébins nés en France, en Belgique, en Allemagne... et qui fréquentent aujourd'hui de vastes banlieues en difficulté, à intégrer la culture laïque et les valeurs de la République ou de l'État moderne.

L'islam évolue bien plus qu'il n'y paraît, affirme l'islamologue Xavière Remacle qui tente de jeter des ponts entre les cultures de l'immigration et la société belge. Sous la poussée des jeunes et de la modernité, « l'Occident accouchera d'un nouvel islam, dit-elle, même si nous avons l'impression inverse » car « il s'est toujours adapté aux civilisations où il s'est installé. Mais aujourd'hui, il se transforme de plus en plus vite ». Prenant l'exemple du voile, Xavière Remacle reconnaît que la jeune musulmane cherche d'abord une identité mais déploie aussi une stratégie pour sortir de chez elle faire des études, s'ouvrir au monde extérieur [8].

Face à l'islam et à partir de leur double sensibilité, laïques et chrétiens se trouvent, ensemble, devant un beau défi : encourager délicatement la relecture du texte fondateur. L'islam a besoin de son « autre ». L'islam a besoin de composer avec la critique, et d'établir un écart entre le Livre et son interprétation. L'islam a besoin d'être « désenclavé », ajouterait l'historien musulman Mohamed Arkoun [9]. Pourquoi ne pas espérer qu'au XXIe siècle, de nouvelles générations réussissent à concilier ce que de célèbres prédécesseurs ont osé au Xe : la rencontre d'une vie spirituelle authentique et la liberté de pensée ? Avant d'affirmer la chose impossible, peut-être faut-il réentendre ce que disait le poète et philosophe pakistanais Mohamed Iqbal, un des grands penseurs contemporains de l'islam : « Le Coran est un texte ouvert, et chaque génération de musulmans a le droit de le réinterpréter. »

Ouvrir l'école aux cultures religieuses et laïques

Introduit-on au Coran dans l'école républicaine ? Y dit-on qui était Muhammad et ce que signifie une sourate ?

« Je trouve tout à fait étonnant que l'on parle, dans l'enseignement public, des dieux égyptiens ou grecs, que les jeunes connaissent Isis, Osiris et les amours de Zeus, mais qu'ils n'aient aucune idée d'Ézéchiel ou de Jérémie, ni de ce qu'est un psaume [10]. » L'étonnement de Ricœur, je souhaite le prolonger et l'élargir : que savent de la laïcité et de ses combats les élèves de l'enseignement confessionnel, privé ou libre ? Et peut-être même ceux de « la laïque » ? Pourtant les enjeux sont énormes. C'est tout l'apprentissage à la découverte, au respect de l'autre et de sa particularité qui est en cause, et la manière de préparer à la confrontation des convictions dans la société civile. Il me paraît donc indispensable, par-delà les cours de « morale », de « civisme » ou de « religion », d'ouvrir davantage l'école aux cultures religieuses et laïques. Toute l'école et toutes les écoles, quel que soit leur réseau d'appartenance.

Concrètement, il s'agit bien de créer un nouveau cours, d'inventer un lieu qui permette aux élèves des deux dernières années du secondaire d'acquérir, dans une approche aussi pluraliste que possible, une véritable culture religieuse et laïque, comme on parle (ou devrait parler) d'une culture scientifique ou d'une culture littéraire [11]. Culture ne veut pas dire simple accumulation de savoirs, rapide défilé de croyances ou de sagesses. C'est bien de retournement d'un sol qu'il s'agit, et donc, d'aérer, d'ensemencer, de proposer à travers une information des interprétations, des façons de sentir, de réagir, des manières de vivre.

Enseigner les religions et laïcités à l'école, c'est espérer plus de compréhension, lutter contre l'idéologie du repli, favoriser le rapprochement des regards et aider, surtout, à s'y retrouver dans la durée. « Concrètement, insiste l'écrivain et psychanalyste Daniel Sibony, si au lieu de petits débats précipités sur le racisme, on dispensait dans les lycées, à tous niveaux, des éléments d'histoire des religions, et quelques solides références d'histoire contemporaine, à affirmer au fil des ans, on aiderait beaucoup de jeunes à se repérer symboliquement, à trouver place [12]. »

J'entends déjà le troupeau des objections arriver au galop : Qui donc va donner ce cours ? Avec quelle formation ? Et surtout quel argent ? Ne serait-il pas mieux de proposer une approche plus anthropologique ? En Belgique, les professeurs de morale ou de religion seront peut-être tentés d'ajouter : « Nous le faisons déjà, cet enseignement. Pourquoi introduire un cheval de Troie au sein d'une grille horaire suffisamment chargée ? » Et surtout, n'est-ce pas trop tôt, trop destructurant, à un âge où le jeune cherche encore sa cohérence ?

Je serais tenté de répondre que la construction d'une identité ouverte demande la convergence de plusieurs chemins. Une introduction aux cultures religieuses et laïques n'interdit pas l'approfondissement d'une conviction ou d'un engagement particuliers. Au contraire. Se construire, c'est à la fois s'élargir et se spécifier. Il ne s'agit donc pas de supprimer, là où ils existent, les cours de morale ou de religion, mais de repenser l'articulation entre une introduction plus générale aux religions et humanismes laïques d'une part et, d'autre part, l'approfondissement d'une conviction (juive, musulmane, protestante, catholique, laïque…).

L'objection relative à la désignation des enseignants n'est pas mince. Qui va donner ce cours ? Un sociologue de la religion ? Un historien des religions ? Un philosophe ? Un théologien ? Un diplômé en sciences religieuses ? Va-t-on introduire des athées dans l'école confessionnelle et des croyants dans l'école publique ? Et accepter la diversité des regards dans une école musulmane ? Mais surtout, où trouver, et en quantité suffisante, ces oiseaux pluralistes capables de chanter à la fois, et avec justesse, l'islam, le christianisme, le judaïsme ou la franc-maçonnerie… ? Va-t-on voir se succéder le pasteur, le curé, l'imam, le rabbin et le conseiller laïque ! Je ne veux surtout pas ironiser. Choisir la succession des témoins et, je l'espère, quelquefois leur confrontation, est un premier pas, une réponse pragmatique à une question difficile. Mais ça ne me paraît pas tenable dans la durée.

Pourquoi ne pas saisir ici la chance exceptionnelle d'inventer une formule neuve, originale, entre réseaux ou appartenances philosophiques ? Il existe dans les universités et en dehors d'elles des facultés de théologie et de philosophie, des instituts de sciences religieuses et/ou d'histoire des religions et des humanismes laïques. On pourrait imaginer, dans chaque pays concerné, et à partir d'un cahier des charges précis, une formation complémentaire commune, où des institutions d'obédiences différentes délivreraient, ensemble, un diplôme ou certificat donnant accès à l'enseignement de ce cours de « cultures religieuses et laïques ».

Je mesure le parcours d'obstacles. Je devine tous les pièges et je ne veux pas sous-estimer les questions statutaires, économiques ou juridiques. Mais j'interroge aussi la volonté politique. Est-il donc si démesuré d'investir dans l'apprentissage au respect de la différence ? On parle tout le temps de coût. S'interroge-t-on assez sur ce que pareil enseignement pourrait « rapporter » ?

Je ne propose pas d'improviser. Un tel projet demande débats et négociations pour conduire à un consensus raisonnable. Il suppose aussi le mûrissement des mentalités et l'expérimentation. Des initiatives locales existent. N'est-ce pas le moment d'élargir, d'inviter, par exemple, une dizaine d'écoles, publiques et privées, à tenter, ensemble, une approche originale pendant un an ? Engager l'école dans cette direction-là n'est pas une audace mais une priorité civique « car nous sommes parvenus à un point de l'histoire de l'humanité où nous ne pouvons plus nous payer le luxe (...) d'engendrer des systèmes éducatifs qui secrètent l'exclusivisme, le mépris et la fermeture », écrit le pasteur Gabus dont je partage la prédiction : « Le XXIe siècle sera confronté à une immense révolution éducative dont nous ne faisons pour l'instant qu'entrevoir les tout premiers fondements [13]. »

Stimuler les institutions

Ouvrir l'école aux cultures religieuses et laïques représente un investissement à long terme. En attendant, la compétition politique, syndicale, scolaire, hospitalière, universitaire, occupe le terrain. Chacun défend sa part de marché, son créneau, son public, sa clientèle — en Belgique surtout où, de la table d'accouchement au salon funéraire, on est chrétien ou laïque.

L'histoire joue pour beaucoup dans cette situation-là. Ainsi, en matière d'enseignement par exemple, tous les pays d'ancienne chrétienté ne connaissent pas l'importance du réseau confessionnel que l'on trouve en Irlande, en Belgique ou aux Pays-Bas. Face à des clivages qui ont pris visage différent d'une région à l'autre, je ne propose pas un bouleversement spectaculaire. Je ne prône pas non plus le statu quo, mais j'invite à préparer activement l'émergence de nouvelles configurations institutionnelles. Il faut aller plus loin que la coexistence dans la séparation et imaginer de réelles pratiques pluralistes. Des pratiques fédératives qui évitent le nivellement par le bas ou la réduction au plus petit commun dénominateur, soit par fusion, soit par juxtaposition.

Il importe, ici, de préciser le vocabulaire. Si on peut considérer la pluralité comme « l'unité dans et par la différence », le pluralisme, lui, serait plutôt « une manière d'être », dit Paul Géradin, d'être soi, d'être en relation, d'être en société, y compris dans ses propres lieux d'appartenance. J'aime bien cette approche du pluralisme comme état d'esprit car elle aide à mieux percevoir les évolutions en cours et à mesurer à quel point les institutions sont travaillées de l'intérieur.

Ouvertes à tous vents, les institutions chrétiennes ou laïques connaissent donc à la fois un pluralisme externe à travers les « clientèles » recrutées, mais aussi interne dans la mesure où les animateurs eux-mêmes — employés, enseignants, militants, voire dirigeants — entendent faire respecter la diversité de leurs choix et appartenances. Nous voici donc, et de plus en plus, devant une situation originale de concurrence entre pluralismes ! Situation complexe, ambiguë, et qui peut appeler différentes lectures. S'agit-il, comme on se le demandait plus avant, d'un affaiblissement de l'État, ou faut-il considérer que le pluralisme des institutions sauvegarde heureusement le pluralisme des convictions ?

N'est-ce pas le moment de convoquer la notion de « proexistence » dont parle le théologien Hans Küng à propos du dialogue interreligieux ? A la différence de la coexistence, même pacifique, la « proexistence » est une démarche active qui souhaite prendre positivement en compte l'apport et l'expérience de l'autre. Avec elle, on ne campe pas dans le passé, on ne se cache pas sous une étiquette fallacieuse, on ne s'enferme pas dans une tour d'ivoire idéologique. La « proexistence » exige à la fois la clarté et l'ouverture : dire qui l'on est, décliner sa singularité, l'offrir en partage et, par là même, la relativiser, puisqu'il s'agit, dans le même mouvement, d'accueillir la singularité de l'autre.

S'agissant d'enseignement par exemple, la proexistence prépare le terrain et invite à l'audace de solutions inédites qui peuvent varier selon les circonstances locales. Il faut aller beaucoup plus loin dans l'échange d'expériences pédagogiques, le partage d'équipements et services, la création de programmes communs, et inviter l'État à donner des incitants en ce sens, mais sans attendre que le dialogue progresse d'abord par des paroles institutionnelles. Je crois au contraire qu'il importe de prouver le mouvement en marchant. C'est l'imagination des individus, le travail de petites équipes, le surgissement de nouvelles expériences qui encourageront des avancées significatives et provoqueront des rendez-vous originaux. Car il va falloir revisiter le débat difficile entre le public et le privé et oser des propositions inventives.

Une « proexistence » qui atteindra la politique elle-même quand on voit comment des citoyens de plus en plus nombreux aspirent à dépasser les frontières habituelles et souhaitent poser un regard neuf sur des questions qui touchent de près à la démocratie et à l'action politique. Comment partage-t-on le pouvoir, le savoir, comment gère-t-on la société ? demande le député européen Pierre Moscovici pour qui les étiquettes classiques vont tomber en désuétude. A ses yeux, on s'oriente vers des « mouvements » parce que aujourd'hui on ne peut plus se contenter d'un parti d'adhérents qui ne soit pas immergé en réseaux dans la société, au contact des différents publics et des problèmes multiformes qui touchent la vie sociale [14] ».

On pourrait prolonger la liste des traversées politiques possibles et poursuivre l'interrogation quant aux « recompositions » ou « refondations » qui s'annoncent. Mais la vraie traversée n'est-elle pas en train de s'amorcer ailleurs ? Je ne veux pas dire « au-dehors », loin du champ politique, mais plus à l'intérieur de l'homme, entre gens de fois différentes, mais bien décidés à s'adresser un signe.

UNE TRAVERSÉE SPIRITUELLE

Laissez-moi vous raconter l'histoire du Conteur.

Il était une fois un homme nommé Yacoub. Il vivait pauvre mais sans souci, heureux de rien, libre comme un saltimbanque, et rêvant sans cesse plus haut que son front. En vérité, il était amoureux du monde. Or, le monde lui paraissait morne, brutal, sec de cœur, sombre d'âme. Il en souffrait. « Comment faire, se disait-il, pour que ce monde soit meilleur ? Pour que le visage de tous ceux et de toutes celles que je croise soit un peu plus ensoleillé ? »

Un matin, une idée lui vint : « Et si je leur racontais des histoires ? » Il se hissa sur un banc et se mit à parler. Au commencement, des vieillards, des femmes, des enfants firent halte un moment pour l'écouter, puis ils poursuivirent leur route.

Yacoub, estimant qu'il ne pouvait changer le monde en un jour, ne se découragea pas. Le lendemain, il revint en ce même lieu et, à nouveau, lança au vent les plus émouvantes paroles de son cœur. De nouvelles gens s'arrêtèrent pour l'écouter, mais en plus petit nombre que la veille. Certains rirent de lui. Quelqu'un le traita même de fou, mais il ne voulut pas l'entendre. « Les paroles que je sème germeront, se dit-il. Un jour, elles entreront dans les esprits et les éveilleront. Je dois parler parler encore. »

Il s'obstina donc et, jour apres jour revint sur la grand-place de Prague pour raconter des histoires d'amour Mais les curieux se firent de plus en plus rares. Pourtant il ne renonça pas. Ainsi, les années passèrent.

Un soir d'hiver, seul, debout sur son banc, les yeux fermés, il raconta une nouvelle histoire quand il sentit que quelqu'un le tirait par la manche. C'était un enfant.

« Ne vois-tu pas que personne ne t'écoute ? lui dit l'enfant. Pourquoi perds-tu ton temps ainsi ? Et ta vie ? Ne sais-tu pas qu'on te traite de fou ?

— Oui, je sais. J'étais fou d'amour pour mes semblables, dit Yacoub. C'était au temps où tu n'étais pas encore né. Je rêvais de les rendre heureux.

— Le sont-ils, maintenant ? demanda l'enfant.

— Non, dit Yacoub, ils ne le sont pas.

— Alors, pourquoi t'obstines-tu ? » poursuivit doucement l'enfant.

Yacoub réfléchit un instant. Puis il répondit : « Je parle toujours, c'est vrai, et je parlerai jusqu'à ma mort. Autrefois, c'était pour changer le monde. »

Il se tut, puis son regard s'illumina. Il dit encore : « Aujourd'hui, c'est pour que le monde, lui, ne me change pas [15]. »

Imaginez un chrétien et un laïque, debout sur un banc, place de la Bastille, et racontant des histoires à des passants de moins en moins nombreux...

Il ne faut pas s'y tromper. Cette ancienne tradition juive est moins pessimiste qu'il n'y paraît à première vue. Je ne crois pas que Yacoub soit un homme désabusé. Je ne pense pas non plus qu'il refuse de se laisser pénétrer par la parole de l'autre. Yacoub est un résistant. L'histoire du Conteur est une histoire de protestation, de liberté intérieure. Une histoire de fidélité à sa propre traversée. Parler « pour que le monde ne me change pas » est aussi une manière de changer le monde... En continuant à raconter des histoires, Yacoub veille sur l'humanité.

Ne sommes-nous pas au cœur de l'actualité ? Au centre de la rencontre entre chrétiens et laïques ?

Il faut changer le monde. Essayer. Et si chrétiens et laïques réussissent, avec d'autres, à résister aux obscurantismes, à contrer les relativismes, à donner sa juste place à l'islam et, plus largement, à conforter la démocratie d'une Europe tellement multiple, il y aurait déjà de quoi hisser le drapeau étoilé. Mais pour les réussir, ces ambitions-là, il ne suffit pas de créer le climat de respect réciproque dont j'ai parlé plus haut. Il faut encore — c'est une question clé, pour maintenant, pour demain — que des chrétiens et des laïques, des croyants, des agnostiques, des athées, osent interroger ensemble le « sacré » qui les réunit, la « transfiguration » qui les dépasse, la « transcendance » qui les habite. J'ai dit d'entrée de jeu la difficulté d'utiliser ces mots, mais vous en devinez le sens, même balbutiant. Comment, en d'autres termes, approcher, chacun à sa manière, chacun selon sa foi, et même pour des motifs différents, l'intériorité de l'homme ? J'ai bien lu Grosjean et j'entends encore un de ses personnages, Clausewitz, me dire qu'« il n'y a pas plus de politique intérieure que de vie intérieure » ! D'accord. C'est souvent amidonné la vie intérieure, rigide, comme la coiffe des anciennes Hollandaises ou la cornette de certaines religieuses. Encore qu'au XIIIe siècle, la cornette était une « coiffure de femme en déshabillé » (Littré), ce qui, vous en conviendrez, donne tout de suite à l'intériorité une nouvelle sympathie... Mais alors, dites-moi, comment appeler ce qui, en l'homme, est plus grand que l'homme ? Je propose, provisoirement, l'intériorité-transcendance, sachant que les pages qui suivent vont permettre de nuancer.

Je suis convaincu que, les uns comme les autres, nous avons avantage à nous rencontrer dans une quête que j'ose appeler spirituelle et qui, loin d'exclure la démarche scientifique et les lumières de la raison, les appelle en renfort. Serait-ce la « spiritualité manquante » ou « authentique » dont parle Luc Ferry[16] ? Pour le chrétien, l'enjeu porte évidemment sur la possibilité de concilier

« libre examen » et « révélation », car il n'y a pas de demi-libre examen ! Pour le laïque, ce peut être une révolution de « réconcilier enfin humanisme et spiritualité, souci de la liberté de conscience et sentiment de la transcendance des valeurs les plus profondes ». Comme Ferry, je choisis de me tenir à ce point de croisement — lui dit, de *confusion,* d'*indétermination* — qui « gêne » les laïques matérialistes autant que les chrétiens traditionalistes. Habiter à ce carrefour n'empêche pas d'approfondir le dialogue. Je crois au contraire que chacun, rejoignant de plus en plus sa parole singulière, respecte par le fait même et accueille aussi de plus en plus la différence de l'autre, son altérité, sa transcendance.

Au fond, je trouverais beau que nous soyons capables de célébrer cet écart qui nous est commun, « ce qui sépare l'homme de la plénitude humaine et/ou ce qui le sépare de Dieu[17]. »

La théologie du chameau

Avant d'approfondir cette béance commune, il importe de dissiper quelques malentendus et de préciser, autant que faire se peut, la vie spirituelle dont je veux parler.

Il y a quelques années, au Festival d'Avignon, lors d'un débat autour de la question : « Quelle spiritualité pour l'an 2000 ? » Régis Debray, qui se présentait avec humour comme « l'athée de service », soulignait combien la spiritualité tend à devenir parfois « comme une sorte de patrie de substitution, le sol des gens qui ont perdu leurs racines ». Et cela, même au cœur de la haute finance ou dans les laboratoires scientifiques les plus sophistiqués. Ne trouvant plus suffisamment de repères dans leur vie professionnelle, si accomplie soit-elle, des contemporains les cherchent ailleurs, dans une sorte d'*intériorité-refuge*. Le philosophe Hegel a eu un mot sévère à propos de cette fausse spiritualité, collante et un peu diffuse, en parlant de « marmelade du cœur ».

Il arrive que le refuge se fasse château fort et que les points de repère deviennent des points de repaire, dit avec humour le théologien belge Philippe Goffinet. Il s'agit alors de serrer les rangs, de se barricader, de lever les ponts-levis, de remplir les douves et d'attendre l'ennemi dans son *intériorité-forteresse*. Ce n'est plus le repli frileux mais le repli guerrier. Jusqu'à ce qu'on passe à l'attaque, lorsque de bons soldats sonnent la charge, drapeau en tête. Certains courants dits « spirituels » n'échappent pas à cette *intériorité-clairon* tellement soucieuse de mobiliser les troupes.

Il est temps de quitter ces métaphores guerrières pour rejoindre des terres plus fertiles et plus pacifiques.

La spiritualité dont je veux parler ne se tient pas sur la défensive. Elle n'est pas en fuite. Elle ne se cache pas dans les sacristies ou dans les couvents. Elle ne fait pas bande à part. A l'inverse, comme l'amour dont parle saint Paul, elle ne claironne pas, « ne plastronne pas, ne s'enfle pas d'orgueil » et ne méprise pas la modernité, car c'est au cœur de la sécularisation, en plein pluralisme, en pleine terre de culture scientifique et technique qu'elle reconnaît les germinations de la vie intérieure.

Pas question, donc, d'adopter la « théologie du dromadaire » que dénonce Michel Hubaut, et qui envisage cette vie intérieure sous l'angle de l'alternance : d'un côté les activités dites « spirituelles » et de l'autre les « profanes ». A l'instar du dromadaire, il s'agit d'emmagasiner suffisamment d'eau pour survivre dans le désert... Moi, je parlerais plutôt de théologie du chameau puisqu'on veut à tout prix séparer les deux bosses ! Je n'ai pas dit qu'une vie spirituelle n'avait pas besoin de rejoindre parfois son oasis, de se recueillir, de s'abreuver, de se concentrer. Mais il ne faut pas confondre lieux préservés et moments privilégiés.

Entendue en son sens le plus large, la spiritualité n'est pas un département de la théologie, de la religion en plus fin, mais une qualité de présence, et d'abord de présence à soi, une manière de vivre avec intensité. Nous le savons d'expérience. A travers la pesanteur et la grâce d'une existence, nous privilégions des valeurs, nous choisissons. Par-delà les habitudes et les déterminismes, nous cherchons une cohérence. Quel est le fil rouge ? Qu'est-ce qui décide de la couleur d'une vie, de sa tonalité, de sa liberté ? N'est-ce pas de *spiritualité* dont il faut parler, et donc d'*esprit ?* A condition d'entendre le mot dans toutes ses harmoniques, d'en faire chanter l'étymologie : qu'il s'agisse du latin *(spiritus)*, du grec *(pneuma)* ou de l'hébreu *(rouah)*, l'idée de vent, de souffle, de respiration se trouve toujours au rendez-vous. Que l'on songe au souffle d'Élohim qui « planait sur les faces des eaux » (Gen. 1, 2). Un souffle « plane » aussi sur la face intérieure de chaque être humain. La vie de l'homme est une vie respirée, et il lui appartient d'entretenir cette respiration. En développant son intelligence, sa sensibilité, son émotion, sa foi, son imaginaire... Sa lecture, ajouterait Danièle Sallenave, puisque l'expérience des livres aide à rentrer « en possession de soi ».

Le souffle intérieur peut venir caresser l'oreille. Mais un vent, quelquefois, ça décorne les bœufs ! Et une spiritualité, il arrive que ça arrache et que ça pousse loin. Je ne parle pas de fuite, car c'est bien au cœur d'Internet et en pleine société de surconsommation que se joue l'orientation d'une vie. Quand un homme se redresse, même dans la jungle des ordinateurs, quand il naît à lui-même, tente d'approcher sa propre vérité ou se demande comment soulever une existence tellement lourde à porter, n'est-ce pas là que surgit la vie spirituelle ? Encore faut-il la nommer plus précisément et dire en quoi l'ouverture, l'itinérance, la contemplation, la célébration, l'oubli, l'imprudence, appartiennent à l'« âme » de la vie intérieure.

L'âme du canon

S'agissant d'âme, Maurice Deleforge raconte qu'un jour, un savant docteur, pour essayer de faire comprendre à ses étudiants ce qu'était l'âme, fit appel à ses souvenirs d'artilleur : « L'âme du canon, enseignait-il, n'est autre que l'évidement intérieur de la bouche à feu. » Car un canon, « c'est un trou avec du bronze autour ». Ainsi, perdre son âme, ce serait « se boucher ». Comme il arrive à un canon ou à un vaisseau sanguin. Ne plus livrer passage [18].

Je ne dis pas qu'un homme spirituel, c'est un trou avec du bronze autour ! Mais c'est un homme troué, oui : il livre passage, il laisse entrer, il accueille l'étrangeté de l'autre et surtout se prépare à l'imprévisible, aurait dit Malraux, car « jamais un changement profond dans le domaine spirituel n'a eu réellement d'antécédent prévisible [19] ».

L'homme spirituel reste donc ouvert à l'interrogation, il maintient en lui une disponibilité permanente, il apprend à ne pas s'effrayer du silence, du vide, de l'incertitude, du noir, de la lumière… Comme dans un des derniers récits de Beckett, où l'auteur de *Fin de partie* montre quelqu'un d'allongé dans le noir, sur le dos. Cet homme entend une voix, parfois proche, parfois lointaine. « Plus la voix se rapproche et plus le jour apparaît. Plus la voix s'éloigne et plus la nuit revient[20]. » Une minute de théâtre, mais toute une vie dans cette minute-là. Quel dépouillement ! N'est-ce pas notre histoire ? N'est-ce pas le chemin de l'esprit en nous ? Je vois bien l'homme spirituel allongé dans le noir, sur le dos, et cette voix autour de lui, en lui, qui s'approche, qui s'éloigne…

Pas de vie spirituelle sans ouverture, sans un « évidement intérieur ». Pas de vie spirituelle non plus sans voyage, sans traversée d'une mer, d'un désert… « Le but, c'est le chemin », explique Jacques Scheuer qui a beaucoup étudié les traditions asiatiques, « ce qui importe, ce qui libère, c'est la marche », d'où la multiplication des « voies ». Ainsi le Livre des Actes présente-t-il les premiers chrétiens comme « adeptes de la Voie » (Actes 9, 2).

Chercheur de routes, l'homme spirituel peut se perdre, se blesser, comme dans l'aventure de l'antilope musquée que rapporte une belle tradition hindoue. Il arrive qu'une fois, au cours de son existence, cette élégante antilope des montagnes se trouve très ébranlée par un souffle de parfum musqué dans ses narines. Elle a beau flairer le gazon, elle n'arrive pas à déterminer d'où vient cette odeur et, quand elle la sent, plus rien ne lui résiste. Elle se met alors à bondir, de lieu en lieu, à la recherche de ce parfum délicieux. Et pendant tout ce temps où elle court ainsi à travers ravins et collines, la belle antilope renonce à toute nourriture et à tout sommeil jusqu'au jour où, exténuée par la faim et la fatigue, elle commence à tituber, à zigzaguer parmi les rochers et à tomber, grièvement blessée. A ce moment, elle s'accorde enfin un peu de sollicitude, se lèche longuement le poitrail... et découvre alors la poche à musc déchirée dans son propre corps. Elle respire profondément le parfum qui saigne, mais il est bien tard... la mort approche. La leçon de cette triste histoire n'est pas triste : « Plus est en toi », répète l'Inde. « Un trésor est caché dans ton champ », dit l'Évangile. Nous sommes toutes et tous des porte-musc...

Mesure-t-on suffisamment à quel point la vie spirituelle coûte cher ? Quel enfouissement elle demande ? Quelle intensité elle suppose ? Quel déplacement elle provoque ? Quelle sécurité elle ébranle ? Est-ce bien raisonnable de s'y aventurer sans « rien prendre pour la route, sauf un bâton ? » Et encore : chez Marc ! Car Matthieu et Luc, qui ne veulent ni sac, ni pain, ni sandales, ni monnaie dans la ceinture, refusent même le bâton ! Mais il ne s'agit pas ici de partir en « mission » ni de chasser les « souffles contaminés », sauf, peut-être, à l'intérieur (Mc 6, 7-8).

Avec ou sans bâton — à chacun de choisir sa tradition — je propose au minimum quelques points de repère. Et d'abord d'indiquer une direction. Traverser, oui, mais vers quelle Terre promise ? Je ne fais pas marche arrière. Je ne demande pas au voyageur de rentrer. Mais je dis qu'il n'y a pas de vie spirituelle solide et durable sans le choix d'une orientation.

Dans l'Évangile, les disciples sont envoyés « deux par deux ». Je ne veux pas y voir le modèle de toute démarche spirituelle authentique mais peut-être en retenir l'intuition. Ne faut-il pas être deux — au moins deux — pour traverser son désert intérieur ? Pour s'assurer que l'orientation choisie est suffisamment interrogée ? Parce que la vraie liberté est toujours relative : en relation.

Choisir un sens. N'être pas seul. Se partager aussi le pain d'une longue traversée. Car Pierre-Jean Labarrière a raison : pour avancer loin, il faut se découvrir des compagnons de route et mettre ses pas, en priorité, dans la suite des plus grands. Je n'oublie pas que je parle ici d'une quête d'absolu avec ou sans Dieu. Mais justement : les plus grands se ressemblent. Ils s'appellent. Et j'aime voir se côtoyer des musiciens, des poètes, des romanciers, des cinéastes, des mystiques engagés dans une même démarche. La vie spirituelle y reconnaît une parenté par-delà les croyances. Elle n'oppose pas Jésus à la mystique juive. Et Maître Eckhart, Silésius, Al-Hallaj ou même Aménophis IV doivent pouvoir dialoguer avec Rimbaud, Mallarmé, Dreyer, Fellini, Nietzsche ou Georges Bataille…

Je ne dis pas de mépriser les chemins de traverse. Et comment ! Le coup de cœur pour un poète, même inconnu, peut aussi allumer la colonne de feu. Et je sais des printemps de l'âme pour la joie d'une image, pour un son. A chacun d'accueillir la grâce des jours uniques et de dresser son reposoir dans le secret. Ne voyez-vous pas que je cite Jean Sulivan presque à chaque chapitre ! Pourquoi les contemporains n'aideraient-ils pas, eux aussi, à traverser ?

Cette traversée-là est-elle à la portée de chacun ? Qu'appelez-vous « chacun » ? Ce qui sépare ici, ce n'est pas une religion, une culture, une formation. La vie spirituelle n'est pas réservée aux intellectuels, aux littéraires, à la sensibilité sociale, au secteur non marchand… La vie spirituelle est un écart, je l'ai dit. Mais surtout un écart en soi, que peuvent très bien partager un ermite et un homme d'affaires.

L'éloignement du monde

Je pense à Jehanne, soixante-six ans, dont vingt-cinq de carmel. Je l'ai rencontrée un jour, à la télévision, à travers l'étonnant reportage de Dann Loustallot sur France 2 : *Le retour des ermites.* « Aucun de mes voisins ne sait que je suis ermite, explique-t-elle. Je ne suis pas enfouie au cœur d'une forêt mais dans une H.L.M. de banlieue parisienne, depuis dix-sept ans, et, à mes yeux, c'est identique. C'est une manière de *disparaître...* »

« Elle est magnifique, mon autoroute, renchérit Antoine, un contemplatif retiré dans une grotte au-dessus de Saint-Raphaël. C'est ma liturgie, cette autoroute. Dans les monastères, ils ont des rites, des cérémonies, des cultes, des processions. Voilà ma procession. Cette autoroute, moi, je la bénis. Une musique, un bruit de fond. Les gens de Nice qui vont à Marseille parce qu'ils s'ennuient à Nice. Les gens de Marseille qui vont à Nice parce qu'il s'ennuient à Marseille. Entre les deux, je pense que je suis bien là ! »

Six cents ans plus tôt, au début du XVe siècle, un texte en latin circule sur les routes de Flandre. L'époque est difficile. Pour les banquiers et les marchands l'économie tourne à plein. L'argent est à l'honneur. L'art aussi. Mais pas pour tout le monde. En ce siècle de fer et de sang, le petit peuple paie. De sa vie, souvent. Mais voilà que des hommes et des femmes se rassemblent en communautés. Sans vœux. Ils explorent un style de vie fort neuf pour l'époque puisqu'on l'appelle *devotio moderna.* L'un d'entre eux, un moine de Sint-Agnietenburg, aux Pays-Bas, Thomas A. Kempis, réunit leurs idées et les diffuse dans un petit traité connu sous le titre : *De Imitatione Christi.* Un texte qui allait très vite quitter les couvents.

Je ne dis pas que nous devons tous relire l'*Imitation de Jésus-Christ.* Encore qu'il s'y trouve bien des conseils qui n'ont pas vieilli : « Un homme vaut-il mieux parce qu'un autre homme l'estime grand ? » ; « Fréquente les gens simples à ras de sol » ; « Les grands voyageurs se sanctifient rarement »…

Si vous êtes « grand voyageur », je vais vous rassurer. Un homme de notre temps qui parcourt le monde de ministères en ambassades et de colloques en négociations s'est arrêté au milieu des affaires. Il n'a pas cessé de négocier, non. Mais chaque soir, dans sa chambre d'hôtel, il parcourt aussi l'*Imitation* dans une édition latine très ancienne. L'envie le prend de retraduire le texte, de rafraîchir la belle version de Lamennais, de l'adresser à ses contemporains, de redécouvrir le latin vivant. Et voilà que Michel Billon redonne souffle à l'*Imitation. Tribulatio* devient « passage à la herse ». *Contritio* « broyage ». *Tentatio* « épreuve ». *Humilitas* « au ras de l'humus » et *intelligere* « faire un choix dans une cueillette [21] »…

Entre le début du XVe siècle et la fin du XXe, le fer et le sang sont toujours au rendez-vous, et les banquiers à l'honneur… Face à l'« horreur économique », quelle est notre *dévotion moderne* ? Soyons clair : les problèmes de gestion nous prennent à la gorge. Les hommes politiques, les chefs d'entreprise, les syndicalistes, vous, moi — presque tous nous sommes plongés dans le court terme. Les jeunes en premier. Le problème n'est pas de fuir, mais de s'enfouir, et de veiller.

Les mystiques, les moines, les ermites, mais aussi les artistes, les cinéastes, les poètes, les romanciers nous rappellent que cette veille n'est pas de tout repos.

La contemplation est un combat. La vie intérieure, une insurrection. Le moine américain Thomas Merton va même jusqu'à dire une « subversion » mais une « subversion positive », comme l'évoque la lettre qu'il adresse au pape Jean XXIII et qui résume bien la démarche de cet étonnant cistercien : « J'ai à comprendre *d'une manière contemplative* les mouvements sociaux, politiques, intellectuels, artistiques de ce monde[22]. »

Comme le poète, le moine est un résistant. Et comme le caricaturiste, il doit la force de sa résistance à son dépouillement.

Je regarde un dessin de Piem intitulé : « Qui peut sauver Sarajevo ? » Comme c'est loin déjà, et si proche. La fenêtre est brisée. Quelques morceaux de verre jonchent le sol. Assise sur un tabouret, une vieille femme contemple l'écran noir de son téléviseur. A moins qu'elle ne regarde la bougie allumée, placée sur le poste, au-dessus de la commode, et qui éclaire la petite pièce de la maison ? Quelle étonnante parabole de l'actualité ! Quel saisissant raccourci : tant de peuples, tant de contemporains devant l'écran noir de leur vie quotidienne. Je crois que le moine se trouve au milieu d'eux. Assis sur son tabouret, de nuit en nuit et de lueur d'aurore en lueur d'aurore, éloigné et si proche du monde, il contemple aussi l'écran noir. Il veille. Je dis le moine mais je veux bien changer de mot, car ce n'est pas d'abord une affaire de religion, de croyance. La résistance spirituelle se moque de nos frontières. Si je tiens le coup, c'est parce que je sais que, quelque part dans le monde, des hommes et des femmes résistent. Ils s'usent. Ils brûlent par l'intérieur, ils coulent. Ils éclairent la petite pièce de la maison.

Résister, c'est aussi résister aux « spiritualités » de pacotille qui tirent et attirent l'homme hors du monde... Car il ne s'agit pas de déserter mais d'accueillir le désert au cœur de l'économique et du politique. Plus nous sommes femmes et hommes « d'affaires » et plus nous avons besoin d'un peu nous éloigner pour nous mettre à l'écoute d'une parole de terroir, humble, *au ras de l'humus,* une parole qui concerne à la fois chrétiens et laïques, croyants ou non-croyants. Une parole bien plus sauvage qu'il n'y paraît, abrupte, moderne, qui arrache à la vie ordinaire pour mieux y replonger, qui éloigne pour mieux rapprocher.

Profondeur de champ

Cette parole-là poursuivait le photographe Daniel Pons, tellement habité par la « profondeur de champ » qu'il entendait aussi au sens spirituel. Décédé à Paris il y a quelques années, ce poète-photographe parlait souvent de « travailler » la relation à l'autre comme un artiste travaille son œuvre.

La vie spirituelle invite celui qui s'y engage à devenir un artiste de la profondeur de champ, un sculpteur d'intériorité, qui apprend à travailler la relation à l'autre et/ou à l'Autre : voilà son chef-d'œuvre en ce monde.

J'affirme que pour en sortir, pour permettre à l'homme de rester vivant, chrétiens et laïques sont appelés à faire œuvre commune, à travailler la relation à l'autre, à sculpter l'intériorité, à creuser ensemble la profondeur de champ.

Faire œuvre commune, c'est consentir à exister, et donc être capable de se quitter, de se donner, de se grandir, comme ces inconnus qui, à Munich, en 1943, au lendemain de la décapitation d'un professeur et de trois étudiants, ont osé écrire sur les murs de la ville, au péril de leur propre vie : *Der Geist lebt,* « L'Esprit vit ». C'est à ce moment-là, dans cette liberté intérieure-là, « que chacun devient unique, indispensable, irremplaçable[23] ».

Faire œuvre commune, ce n'est pas mépriser la société qui s'efforce, vaille que vaille, de maintenir l'équilibre de la guerre et de la paix. Comme disait Sulivan : « Rendez à César ce qui est à César et puis bonsoir ! » Mais dans cette société-là, faire œuvre commune, c'est dépasser l'individualisme, le collectivisme, l'envoûtement grégaire dont Gandhi fut victime au début de son séjour en Afrique du Sud lorsqu'on l'obligea à quitter l'intérieur de la diligence où il avait pris place et à voyager sur le marche-pied, à côté du cocher, en raison de la couleur de sa peau. Devenir sculpteur d'intériorité, c'est rejoindre Gandhi à côté du cocher.

Faire œuvre commune ne demande pas d'abandonner sa tradition ou de renoncer à son identité, mais de franchir un seuil et d'affermir son espace intérieur. Humaniser l'homme, c'est aussi s'universaliser par le dedans.

Faire œuvre commune, sculpter l'intériorité, devenir des artistes de la profondeur de champ, n'est-ce pas, en définitive, se battre ensemble pour être vivants avant la mort ?

Écoutez, dit Zundel, un choral de Bach. Prenez votre montre et comptez le nombre de minutes : voilà la durée temporelle qui va de la naissance à la mort. C'est la *durée-horloge.* Si la durée de votre joie était égale au temps-horloge, après la première note oubliée et perdue, viendrait la seconde, etc. Or il n'y a de musique que si la première note dure encore pendant les suivantes. Cette mélodie qui entre en vous, c'est la *durée-musique* qui est au-delà de la durée-horloge.

Et lorsque cette musique appelle en vous une autre musique, lorsque ce chant vous l'entendez ailleurs, en admirant une peinture, en contemplant un coucher de soleil ou en regardant dormir un petit enfant, alors vous entrez dans une troisième durée, bien au-delà de la durée-horloge, bien au-delà de la durée-musique : une troisième durée où vous retrouvez toujours cette même beauté, et que vous pouvez appeler la *durée intérieure.* D'autres, s'ils le souhaitent, parleront de durée éternelle.

Ils aimaient la littérature

Je n'ai jamais dit que la profondeur de champ allait de soi. Un photographe peut user de très nombreux films avant de rencontrer le cadrage qui le satisfait. Un sculpteur peut se battre pendant des années avant de découvrir le presque rien qui fait tout basculer. Un mystique peut traverser toute une vie avant d'expérimenter l'extase qui le ravit… « L'homme ne se construit qu'en poursuivant ce qui le dépasse », disait Malraux, et, comme dans la parabole, impossible de séparer l'ivraie du bon grain.

Cette croissance-là, difficile, parfois désordonnée, où l'on apprend, lentement, à s'accueillir et à s'humaniser ensemble, elle ne demande pas seulement une volonté, un engagement, un état d'esprit. Je suis de plus en plus convaincu qu'elle exige aussi un langage. Sans le langage poétique, sans le recours à l'imaginaire, sans la plongée dans le romanesque, le filmique, le pictural... je crains qu'il ne soit plus difficile de s'entendre et donc de se comprendre.

C'est déjà vrai pour chacun, à l'intérieur de sa propre histoire. Prenons la situation de Rabelais. Mais ça vaut aussi pour Salman Rushdie. « Je ne m'étonne pas que des théologiens sorbonnards, la police idéologique de ce XVIe siècle qui a allumé tant de bûchers, aient fait la vie dure à Rabelais, écrit Milan Kundera, l'obligeant à fuir et à se cacher. Ce qui me semble beaucoup plus étonnant et digne d'admiration, c'est la protection que lui ont procurée des hommes puissants de son temps, le cardinal du Bellay par exemple, le cardinal Odet, et surtout François Ier, roi de France. Ont-ils voulu défendre des principes ? La liberté d'expression ? Les droits de l'homme ? Le motif de leur attitude était meilleur ; ils aimaient la littérature et les arts. »

Poursuivant son sévère réquisitoire, Kundera ajoute : « Je ne vois aucun cardinal du Bellay, aucun François Ier dans l'Europe d'aujourd'hui. Mais l'Europe est-elle encore l'Europe ? C'est-à-dire la "société du roman" [24] ? »

Pour réussir et, en tout cas, pour progresser, la relation entre chrétiens et laïques doit aussi, et au sens fort, devenir *poétique* et donc, par certains côtés, rejoindre cette « société du roman ».

Partons du christianisme. « Religion de la sortie de la religion », comme le définissait Marcel Gauchet dans *Le Désenchantement du monde,* le christianisme n'est pas seulement une tentative d'explication de l'existence. Il ne se réduit pas non plus à une pratique, à des commandements, des comportements, bref une morale. Chacun sait que le christianisme, c'est aussi une liturgie, une prière, des sacrements, des églises romanes, des cathédrales, des orgues, des chasubles, des chants, de l'encens, de l'huile, du feu, de l'eau, du noir, des couleurs, de la lumière, un parfum… sans oublier un rythme, un rapport au temps, au corps, une forêt de symboles… On peut dire aussi une beauté, un art. Mais le mot *poétique* que j'utilise ici au féminin — une *poétique* — il faut l'entendre dans son sens étymologique, comme une action, un faire : *poiein.* Dans les deuxième et troisième parties de son *Génie du christianisme,* Chateaubriand parle précisément de la *poétique du christianisme* comme de « l'ensemble des rapports que cette religion établit avec la poésie, la littérature et les arts ».

Le christianisme a un besoin vital du roman, du théâtre, de la musique, de la poésie, du cinéma, de l'architecture, des arts plastiques et picturaux… Non pas pour y chercher des thèmes, un accrochage, une manière de mieux illustrer ou faire passer son message, mais pour se laisser prendre par une histoire, pour entrer dans une intrigue, pour vivre avec des personnages de chair et de sang, pour épouser les hauts et les bas d'une vie d'homme confrontée à la complexité de l'existence. Parce qu'« une vie racontée est une vie sauvée », dirait Danièle Sallenave, et parce qu'« à la manière du rite, la littérature ne dit pas ce qu'elle fait en nous », ajouterait Hubert Thomas pour qui, dans les romans, les histoires « nous plongent dans l'eau ou dans le feu d'un baptême, nous soufflent un esprit neuf, nous font manger un pain de fraternité et de communion humaines, nous recueillent dans l'alliance de chair entre un homme et une femme ou encore nous mènent aux portes de la mort[25]. »

Qu'on ne s'y trompe pas : je ne suis pas en train de parler de « littérature chrétienne » (qu'est-ce que c'est ?)

ou de « nouvelle approche pastorale ». Si je me bats depuis des années pour un christianisme plus « poétique » et pour une Église plus ouverte à l'imaginaire, ce n'est pas par souci esthétique ou par préoccupation de modernité, mais pour un éveil, pour un retournement, pour une mise en cause. J'irais jusqu'à dire : pour une « révélation ».

La littérature et la vie spirituelle sont bien du même côté de la barrière. Elles interrogent notre condition, visitent nos inquiétudes, frappent à la porte de nos au-delà, enflamment nos amours, les éteignent, nous retournent, nous blessent. Elles parlent notre langue maternelle.

« Mets tes doigts dans la terre... »

Je n'oublie pas la laïcité. D'une certaine manière, je parlais déjà d'elle, car elle est directement concernée par les propos qui précèdent, au même titre que le christianisme, et je crois précisément que le chemin littéraire offre une belle manière de dialoguer et de progresser au plan spirituel.

Prenons l'exemple du mysticisme. « Le sans-culotte a froid à l'âme », écrit Jean-Claude Bologne qui, dans sa belle défense et illustration du mysticisme athée, montre en quoi « Dieu, littérature, musique, amour, fusion avec le monde, ascèse corporelle ne sont que les cailloux qui briseront le temps infini d'un instant, l'étroite enveloppe qui sépare l'homme du cosmos [26] ».

Je suis moins d'accord avec lui lorsqu'il différencie, à mon avis trop radicalement, quête mystique et progression spirituelle. Si je l'ai bien entendu, la spiritualité, chrétienne en particulier, « va vers Dieu pas à pas par une lente quête» tandis que le mysticisme, lui, «veut une mise en contact directe et totale avec l'infini». Transposé sur le plan littéraire, cela veut dire que le mysticisme qu'évoque Jean-Claude Bologne «est à la spiritualité ce qu'est la poésie à la prose». J'entends bien le témoignage et je ne veux pas réduire le radicalisme de l'expérience mystique, pas plus d'ailleurs que la fulgurance de l'expérience poétique. Mais je ne crois pas non plus que la spiritualité soit la mystique du pauvre (ce que Bologne ne dit pas!). Elle aussi «met en route» et je sais des proses tellement proches de la poésie.

Que la littérature concerne, et de près, la démarche spirituelle du laïque, croyant ou non, on en conviendra aisément. Le laïque pourra même prétendre qu'il plonge dans le romanesque et le poétique depuis longtemps et avec moins d'œillères que le chrétien. Mais peut-on, pour autant, parler d'une *poétique* de la laïcité ? Je le voudrais bien mais j'éprouve le sentiment que nous sommes encore loin du compte. Est-ce caricature d'affirmer que la laïcité connaît un important déficit symbolique, qu'elle n'est pas au clair avec ses cérémonies et que, là où elle en invente, sauf en de rares circonstances, elle imite — mal — la liturgie religieuse ?

Je perçois les objections et le débat qui anime la laïcité elle-même : « Nous ne sommes pas une nouvelle religion ! » tempêtent celles et ceux qui dénoncent l'arrivée sur leurs propres terres d'« une Église de plus ».

Mon propos se veut différent. Je déteste le ritualisme. Il porte une part importante de responsabilité dans l'affadissement du christianisme, dans l'éloignement de la littérature, dans l'assassinat de la poésie. Il flirte avec la magie sans être magique. Mais j'ai terriblement besoin du rite. Pour traverser, précisément. Pour dire l'amour qui m'arrive, qui s'en va. Pour oser l'émotion.

Pourquoi toujours opposer émotion et raison ? L'émotion — ce qui est é-mouvant — c'est ce qui déplace, ce qui bouleverse quelque chose. Je n'y oppose pas la raison. C'est beau, la raison, la passion de comprendre. Il est vital d'entrer en confrontation et, mieux encore, en connivence, avec l'intelligence des choses Mais lorsque la raison refuse de se déplacer, lorsqu'elle devient rationalisme froid, frappe « chirurgicale », n'est-ce pas la raison elle-même qui se trouve humiliée, n'est-ce pas la modernité qui se voit gravement offensée ?

L'humour du professeur Perin célèbre gaiement l'émotion quand il écrit : « L'explication scientifique des sentiments est donnée par la psychanalyse mais ce n'est pas un disciple de Freud qui célèbre un mariage ! » Je partage la conviction de François Perin lorsqu'il encourage la laïcité à inviter un célébrant — poète, récitant, musicien — pour traduire l'émotion. Dommage, dit-il, que jusqu'ici, la laïcité n'ait pas élaboré un rituel chargé de mystère et de merveilleux. Tout homme a besoin de sacré mais les rationalistes ne le comprennent pas. Du coup « le rationalisme contemporain est acculé à la platitude[27] ».

Il existe une brillante exception : la franc-maçonnerie, dont une des originalités consiste, précisément, à conjuguer l'engagement laïque et l'expression symbolique. Pour beaucoup de chrétiens, la simple évocation des maçons garde un goût d'interdit, et si l'heure n'est plus à l'excommunication, la suspicion demeure. Pourtant, par-delà les fantasmes et les préjugés, quelques informations méritent d'être rappelées : la maçonnerie originelle, celle des bâtisseurs de cathédrales, plonge ses racines en pleine tradition chrétienne ; des pasteurs, comme le presbytérien anglais Anderson, ont élaboré les Constitutions dont les loges s'inspirent encore aujourd'hui ; en France, jusqu'au Concordat de 1801, les catholiques étaient nombreux dans la maçonnerie, y compris des membres du clergé ; en 1877, un pasteur encore, Desmons, se trouve à l'origine d'une initiative déterminante : l'abandon par le Grand Orient de la référence au Grand Architecte de l'Univers. Faut-il ajouter qu'au plan mondial beaucoup de « frères » se définissent comme « théistes » et que, toutes obédiences confondues, la franc-maçonnerie souligne sa démarche rituelle et spirituelle. Car nombre de maçons insistent : avec ou sans Dieu, les rites favorisent la qualité de l'écoute et encouragent le sérieux de la prise de parole. Pour construire du sens, il ne suffit pas d'invoquer des valeurs, il importe encore de débattre et de célébrer. D'où l'importance d'un langage, d'un rythme, d'une symbolique, d'un espace sacré, pour s'initier, s'épauler, se recentrer tout en poursuivant son chemin.

Je ne veux pas idéaliser. L'intégrisme laïque, ça existe Le dogmatisme de quelques obédiences maçonniques aussi. L'ésotérisme ambigu de certaines pratiques ne s'alimente pas nécessairement aux sources de la meilleure liturgie. Et l'existence, dans certaines loges, de connivences politiciennes, ne s'apparente pas toujours à une recherche spirituelle élevée… Le chemin d'un solide dialogue reste parsemé d'embûches. Je vois pourtant deux raisons essentielles de le poursuivre, aussi décourageants soient les crocs-en-jambe de l'idéologie partisane. D'abord l'existence d'un point commun fondamental entre spiritualité judéo-chrétienne et spiritualité laïque · toutes deux représentent une rupture radicale avec l'idolâtrie et donc avec le sacré archaïque. Ce n'est pas un hasard si, à Rome, les premiers chrétiens ont été qualifiés d'athées par les autorités de l'époque, et souvent condamnés sous ce chef d'accusation. Mais cette rupture d'avec l'idolâtrie est à reprendre chaque matin. Et c'est bien en quoi l'athéisme est nécessaire au christianisme comme je crois le christianisme indispensable à l'athéisme. La seconde raison d'approfondir le dialogue sans relâche tient à la gravité du moment. Devant le fanatisme matérialiste de notre époque et face aux défigurations quasi quotidiennes de l'humain, il est fini le temps où les spiritualités pouvaient s'offrir le luxe de s'ignorer voire de se déchirer. Il devient essentiel qu'un courant spirituel solide mais diversifié donne de la voix et rappelle avec force où réside le vrai sacré : au cœur de l'homme.

Et là encore, je le crois vraiment, l'approfondissement des démarches symboliques et la plongée dans l'imaginaire peuvent aider. Pourquoi, même au plan rituel, chrétiens et laïques ne pourraient-ils partager leurs émotions, innover, imaginer ou, du moins, s'engager dans une recherche commune ? Je ne parle pas d'échanger les célébrants ! mais de rapprocher les expériences significatives et de plonger dans un terreau poétique commun.

De son côté, la théologie elle-même tirerait grand avantage à charruer ce sol-là et à mieux articuler raison et émotion. Je ne lui demande pas de renoncer à « penser » car « la ferveur (hélas ?) ne remplace pas l'intelligence » selon la belle formule d'un collègue théologien qui fréquente, et depuis longtemps, la littérature. Mais « penser », c'est aussi « repenser », revisiter des concepts fatigués, faire éclater la gangue. « Oser sortir », ajouterait Bologne : « Que savent-ils de la mer, ceux qui épient la terre à peine quitté le port ? Les seuls navigateurs sont ceux qui s'immergent sans autre but que d'y mourir dans l'infini néant. Non, décidément, Christophe Colomb n'est qu'un théologien — le mystique, c'est Magellan[28]. » D'accord pour le « c'est », mais pourquoi « n'est qu'un » ? La restriction ne fait-elle pas bon marché de toute la théologie négative dont j'ai déjà parlé ? Mais je vois bien ce qui est visé : la sécheresse redoutée, la démarche mal supportée d'une raison raisonnante qui conduit à opposer la sensualité du mysticisme à l'intellectualisme de la théologie.

N'est-ce pas ici, justement, qu'il faut souhaiter à la théologie d'aller se perdre loin en littérature, non pour changer de « servante », remplacer la philosophie et se trouver un nouveau « marche-pied »… mais pour mieux voir, mieux entendre, mieux goûter, mieux sentir, mieux toucher. Sans rien retirer à la mystique, je me demande s'il n'est pas temps d'élargir les chemins d'une théologie poétique et d'encourager la sensualité en théologie. Évoquant la littérature spirituelle persane du XVIIe siècle, Jean-Claude Renard souligne son recours à l'*anecdote* lorsqu'il s'agit d'exprimer les moments les plus extrêmes de l'aventure intérieure, et cela afin de *faire voir* l'aventure mystique au lieu de l'exprimer abstraitement. Je pense aussi à l'aveu d'un Jean Sulivan, parfaitement capable d'être théologien à ses heures — il n'aurait pas aimé m'entendre dire cela, mais qu'on le relise ! — et qui confiait dans son *Dieu au-delà de Dieu :* « Si je pouvais espérer être poète et seulement poète, je n'écouterais que les paraboles. »

Une parabole « laïque » — mais peut-être devrais-je dire une *anecdote* — évoquera mieux que de longs discours comment un *rite* très dépouillé peut aider à « faire voir» l'aventure intérieure. Elle concerne une femme, Anne, dont un proche confie qu'elle «sonnait juste de bout en bout». Hospitalisée pour un cancer généralisé, Anne sait que ses jours sont comptés. Le visiteur à qui j'emprunte ce récit la rencontre à la clinique. Évoquant la délicate attention dont elle vient de faire l'objet, Anne lui demande :

«Veux-tu prendre le paquet qui se trouve sur la table ?

— Je le dépose sur ses genoux. Elle l'ouvre et me le tend :

— Regarde, dit-elle, une petite boîte en bois, toute simple, et dedans, un peu de terre… rien qu'un peu de terre encore humide. C'est un ami qui me l'a apportée cet après-midi. Il m'a dit : “Anne, j'ai été chercher cette terre dans ton jardin. C'est la terre que tu as soignée toute ta vie. Mets tes doigts dans la terre.”

Et je vois la trace de ses doigts imprimée dans la terre. J'en suis tout bouleversé. Je me dis : Mais c'est incroyable, quelle audace, quelle confiance, en la vie, en la mort, en Anne ! Cet ami l'invite à recueillir les moments heureux de son existence par un simple geste et il lui fait vivre sa sépulture à l'avance, comme cela, tout naturellement ! L'Église a-t-elle cette audace ? (…)

Je m'entends dire, spontanément, sans réfléchir :

— Anne, c'est la terre que tu as soignée, c'est la terre qui va t'engendrer.

— Ça, c'est le mystère, dit-elle en souriant. Dans quelques jours, je prendrai ma barque, toute seule, et j'irai vers le mystère[29]. »

ÉPILOGUE

LA TARTARUGA

DES DIEUX

Une vieille légende hindoue évoque le temps où tous les hommes étaient des dieux. Hélas, en ce temps-là, ils abusèrent tellement de leur divinité que Brahmâ, le maître des dieux, décida de leur ôter le pouvoir divin et de le cacher en un endroit où il leur serait impossible de le retrouver. Le grand problème fut donc de lui imaginer une cachette. Lorsque les dieux mineurs furent convoqués au Conseil pour résoudre la question, ils lui proposèrent ceci : « Enterrons la divinité de l'homme dans la terre ! » Mais Brahmâ répondit : « Non, cela ne suffira pas, car l'homme la creusera et la trouvera… »

Alors les dieux répliquèrent : « Dans ce cas, jetons la divinité dans le plus profond des océans ! » Mais Brahmâ répondit à nouveau : « Non ! Car tôt ou tard l'homme explorera les profondeurs de tous les océans, et il est certain qu'un jour il la trouvera et la remontera à la surface… » Découragés et à bout d'imagination, les dieux mineurs abandonnèrent : « Vraiment, nous ne savons pas où la cacher, la divinité, car il ne semble pas exister sur terre ou dans la mer d'endroit que l'homme ne puisse atteindre un jour… »

Alors Brahmâ dit : « Voici ce que nous allons faire de la divinité de l'homme : nous la cacherons au plus profond de lui-même, car c'est le seul endroit où il ne pensera jamais à chercher… »

Et depuis ce temps-là, conclut la légende, l'homme a fait le tour de la terre, il a exploré, escaladé, plongé, creusé… à la recherche de quelque chose qui se trouve en lui.

Pour arriver jusqu'à soi, jusqu'à la divinité en soi, il y aura toujours un désert à traverser. Moïse en sait quelque chose à la sortie d'Égypte, lorsque les fils d'Israël, déjà fatigués de leur toute jeune liberté, lui réclament en pleurant les bienfaits de l'esclavage : « Qui nous donnera de la viande à manger ? Nous nous rappelons le poisson que nous mangions pour rien en Égypte, les concombres, les pastèques, les poireaux, les oignons, l'ail ! Tandis que maintenant notre vie s'étiole ; plus rien de tout cela ! Nous ne voyons plus que la manne » (Nb 11, 4-6). Pourtant, ce n'était pas si mal, la manne. (*Mân hou ?* demande l'hébreu. « Qu'est-ce que c'est ? ») Peut-être une espèce de fine rosée dont on dit qu'elle s'échappait du *tamarix mannifera,* un arbuste du désert qu'on trouve dans les endroits humides. Ou alors des grains de coriandre que les Israélites écrasaient pour en faire des galettes…

La manne du dialogue entre chrétiens et laïques ne va pas descendre du ciel. Elle n'aura pas le goût prononcé de l'ail ou des oignons d'Égypte. Mais n'est-ce pas un grand miracle déjà de planter ensemble quelques tamaris dans le désert ?

Je souhaite au plus profond que des chrétiens et des

laïques aient l'audace de cette culture-là. Qu'ils sachent marier leurs différences, découvrir des chemins inexplorés et se montrer accueillants à « ce que l'humanité a produit de meilleur ». On peut évoquer, par exemple, les quatre pierres angulaires sur lesquelles André Comte-Sponville dit bâtir sa maison : « la raison grecque, la loi juive, l'amour évangélique et la compassion bouddhiste[1] ». A condition d'oser les confrontations et de chercher les articulations. Car, pour moi, on ne peut pas se contenter de vivre en bons voisins, même si c'est déjà bien. Je veux croire que par-delà les idées préconçues et les intérêts partisans, les tenants de la foi chrétienne et de la sagesse humaniste sauront rester fidèles par le rêve et s'engager dans ce travail jamais fini d'humanisation de l'homme. Mais pour cela ils ne doivent pas tout attendre des institutions. Elles ne changeront pas si je ne décide pas moi-même de quitter mon propre esclavage, si je ne choisis pas moi-même de rejoindre ma propre béance.

Regardez un ciel étoilé. Entre les points lumineux, dans le bleu nuit du firmament, ce n'est pas simplement le vide. La science nous explique que ces scintillements sont reliés, qu'une énergie circule entre eux. Sans cette interaction dynamique entre le « creux » et le « plein », il n'y aurait pas de points de concentration. C'est la même chose, explique le poète Georges Haldas, pour le ciel qui est en nous : la mémoire. Nous sommes habités de souvenirs. Par exemple, les souvenirs de notre enfance. Ce sont des granules, des points lumineux. Mais ils sont reliés entre eux, comme les étoiles, par des abîmes d'oublis. S'il n'y avait pas ce fond obscur qui contient des millions d'informations, les souvenirs qui aujourd'hui encore nous constituent et nous font vivre n'arriveraient pas à se détacher et à briller. On pourrait prolonger encore : il n'y a pas d'oasis sans désert, il n'y a pas de notes de musique sans intervalles, il n'y a pas de paroles sans silence, il n'y a pas de foi sans doute, il n'y a pas de liberté sans solitude[2]...

La nécessité de ce désert, Ricœur l'évoque à propos des religions : « Si vraiment les religions doivent survivre, dit-il, elles devront satisfaire à de nombreuses exigences. Il leur faudra en premier lieu renoncer à toute espèce de pouvoir autre que celui d'une parole désarmée ; elles devront en outre faire prévaloir la compassion sur la raideur doctrinale ; il faudra surtout — et c'est le plus difficile — chercher au fond même de leurs enseignements ce surplus non dit grâce à quoi chacune peut espérer rejoindre les autres, car ce n'est pas à l'occasion de superficielles manifestations, qui restent des compétitions, que les vrais rapprochements se font : c'est en profondeur seulement que les distances se raccourcissent. »

Ce qui est vrai du dialogue interreligieux l'est aussi du dialogue entre laïques et chrétiens : c'est en profondeur et seulement en profondeur que les distances pourront se raccourcir, que des mémoires différentes pourront s'accueillir, qu'une nouvelle manière d'exister pourra s'inventer.

UN HOMME

Croire, ne pas croire... Ce n'est pas là le décisif, le véritable enjeu de demain. Mais la manière de croire, oui.

Mais la manière de ne pas croire, certainement. L'inquiétude spirituelle, voilà l'enjeu, la vraie parenté, et donc la frontière. Car la frontière ne passe pas d'abord entre les « anciens » et les « modernes », entre ceux qui croient au ciel et ceux qui n'y croient pas. La frontière, c'est la manière. Elle passe en chacun. Entre ce qui est armé et ce qui est désarmé, entre ce qui accueille et ce qui refuse la fragilité, entre ce qui doute et ce qui croit en moi. N'est-ce pas « à quatre mains » que laïques et chrétiens sont appelés à jouer leur belle partition commune, sur ce clavier intérieur où chacun fait entendre sa part de croyance, d'incroyance ?

Refuser le risque, je veux dire le risque spirituel, ne pas brûler, s'économiser... voilà le péché. Pourquoi trop de croyants — et cela me fait mal — sont-ils si ternes ? Appliqués, oui. Consciencieux, sûrement. Orthodoxes, irréprochables, mais morts spirituellement. Est-ce que cela vaut seulement pour les croyants ?

Ce que j'essaie de dire ici, mais vous l'avez certainement deviné, c'est qu'il y a du bonheur à descendre loin en soi et à s'aventurer dans cette contrée encore peu explorée où il nous arrive de croiser l'inconnu que nous sommes à nos propres yeux.

J'ai beaucoup accompagné la mort et je reste étonné devant le grand mystère de celui ou de celle qui s'en va. Je reste ému et bouleversé devant la naissance d'un enfant. L'homme est un grand pays. Mais ce pays-là, il va falloir le défendre, car l'accouchement du prochain millénaire ne sera pas facile. Il est temps qu'un homme se lève, un second, quelques-uns. Je sais bien que cet homme-là ne sera pas légion. Ce n'est rien : une poignée, une fraternité de l'ombre, voilà un bon début. Un homme, quelquefois, peut être nombreux. L'homme dont je parle, c'est un homme et une femme bien entendu. Je n'ai pas dit un homme exceptionnel, un héros. Non. Un homme de tous les jours. Déjà là et encore à venir. Déjà grand et appelé à grandir.

Cet homme-là connaît son jardin. Même en plein désert, il porte un peu de terre en lui. Il ne bâtit pas sur le sable. Je n'ai pas dit non plus sur le roc — je sais des solidités rigides qui ne soutiennent rien. Cet homme-là ne renie pas son héritage. Il n'oppose pas la raison à l'émotion. Il ne boit pas à une seule source. Il ne goûte pas à une seule vérité. Cet homme-là refuse la facilité.

Je le vois capable de légèreté et de gravité. De gravité, parce que l'heure est grave, parce que la terre souffre, parce que la colère gronde. On ne dira pas de lui : « Homme de peu de poids ! » De légèreté, parce que sans légèreté, la gravité est insupportable. Ce n'est donc pas à lui que Nietzsche devra adresser son reproche : « Hommes supérieurs, ce qu'il y a de plus mauvais en vous, c'est que vous n'avez pas appris à danser par-dessus vos têtes. » Je le vois capable de danser par-dessus sa tête.

Je le vois capable de sagesse, si on veut bien entendre le mot au sens où Roland Barthes l'utilisait au moment de conclure sa leçon inaugurale au Collège de France : « J'entreprends de me laisser porter par la force vive de toute vie vivante : l'oubli. Il est un âge où l'on enseigne ce que l'on sait, mais il en vient ensuite un autre où l'on enseigne ce que l'on ne sait pas : cela s'appelle chercher. Vient peut-être maintenant l'âge d'une autre expérience : celle de désapprendre (...). Cette expérience a, je crois, un nom illustre et démodé, que j'oserai prendre ici sans complexe, au carrefour même de son étymologie : *sapientia* : nul pouvoir, un peu de savoir, un peu de sagesse, et le plus de saveur possible[3]. » Je le vois capable de désapprendre et donc de goûter à cette saveur qui caractérise la vie spirituelle elle-même.

Je le vois capable de solitude. De cette solitude qui n'isole pas mais qui rapproche et qui fonde la fraternité. Car c'est dans la solitude que se prépare la communauté. La solitude appelle la solidarité.

Je le vois encore capable d'inquiétude. L'inquiétude, qu'avez-vous contre ? Ce n'est pas parce que les lys des champs « ne peinent ni ne filent » que tout est réglé ! Il y a quelque temps déjà, j'ai découvert dans mon courrier une belle invitation à l'inquiétude. Mon correspondant, que je n'ai jamais rencontré, et qui de temps en temps m'adresse un petit signe amical, m'écrit ce jour-là : « L'inquiétude est une humeur de l'âme qui accompagne la fin des certitudes anciennes et la naissance des nouvelles. Si vous donnez à l'inquiétude un statut de compagne, si — à l'instar de François — vous en faites une "sœur", elle se fera douce et discrète — mais fidèle. D'une fidélité qui vous murmure continuellement que vous vivez. C'est réconfortant, non ? Il arrive qu'on se raidisse contre l'inquiétude. Qu'on désire ardemment la tranquillité, l'insouciance... qui sont toutes deux des signes d'engourdissement, des antichambres de la mort. Alors, votre "sœur" l'inquiétude se rebiffe : elle vous gifle, vous fait du bouche-à-bouche et un vigoureux massage cardiaque ; de la réanimation quoi ! » L'homme inquiet en ce sens-là n'est pas un homme renfermé. Au contraire. Je le vois comme un homme d'attention, de prévenance, et surtout de présence, mais toujours capable de rire pour que son inquiétude reste de l'amitié.

Je le vois capable d'habiter ce monde en poète et en auteur. En poète, *poiétès,* celui qui façonne, et en auteur, *auctor,* celui qui augmente. Capable, donc, de travailler à façon, de créer, d'élever, d'encourager, de faire autorité. Un peu moine à l'intérieur, ou chercheur, ce qui est presque la même chose, il lui arrive d'explorer les abîmes, mais d'éclater de joie aussi, et de célébrer le bonheur d'une connivence.

Je le vois comme un homme de parole. Je parle de cette parole qui appartient à la terre et que chacun, même le muet, reçoit à la naissance.

Je le vois comme un homme de silence. Même en parlant, il se tait. Même en se taisant, il parle.

Je le vois comme un homme de musique.

Il accueille un rythme. Il reconnaît un son. Il entend une flûte — la flûte de Krzysztof Kieslowski, la petite flûte de *Bleu* quand Julie (Juliette Binoche) revient à la vie, quand le printemps refleurit en elle après un si long dépouillement.

Je le vois traverser la mer Rouge, comme la tortue de Patrice Chagnard dans le beau film qu'il a réalisé au temps de ses vingt ans : *La Flûte de Jean Sulivan.*

Nous sommes en bord de Seine, à Paris, sous un pont. Les bateaux passent, l'eau coule. Une histoire italienne ouvre le récit et fait en quelques mots l'éloge de l'imprudence. Une histoire de tortue. Mais la tortue, en français, c'est un peu lourd. On sent les pattes courtes et la carapace. Le latin populaire donne au gentil reptile une appellation plus chantante, *tartaruca,* qu'on retrouvera dans l'italien *tartaruga. Una séra,* donc, un soir, la *tartaruga* décide de s'en aller faire un tour dans la nuit. Le crapaud qui la voit lui dit : « Quelle imprudence de sortir à pareille heure ! » Mais la *tartaruga* continue et, dit l'histoire, *fa un passo un po più longo que l'altro,* elle fait un pas un peu plus long que l'autre et se retrouve sur le dos. Le crapaud s'exclame : « Je te l'avais bien dit, c'est une imprudence et tu vas y laisser la vie. » Délicieuse et les yeux remplis de malice, la *tartaruga* lui répond : *Lo so bene* (Je le sais bien). *Ma por la prima volta, vedo le stélle* (Mais pour la première fois, je vois les étoiles).

NOTES

Ouverture : Les deux brebis perdues

1. Jérôme Bindé, « Pour une éthique du futur », dans *Le Figaro,* 8 décembre 1997. Jérôme Bindé est directeur de l'unité d'analyse et de prévision à l'Unesco.

2. Maurice Bellet, *L'Europe au-delà d'elle-même,* Paris, Desclée de Brouwer, 1996, p. 49.

3. *Ibid.,* p 85.

4. Adolphe Gesché, « Éloge de la théologie », dans *Revue théologique de Louvain,* 27, 1996, pp. 166-167.

5. Paul Ricœur, dans un entretien avec Hans Küng, diffusé sur Arte le 5 avril 1996.

6. *Ibid.*

7. Danièle Hervieu-Léger, « Situation du christianisme dans le nouveau contexte socio-culturel en France », dans *Documents épiscopat* n° 4, mars 1990, p. 3. Sur le même sujet, voir aussi Liliane Voyé et Karel Dobbelaere, « Des transformations du catholicisme en Belgique. Pratiques et valeurs », dans *Courrier hebdomadaire.* CRISP, n° 1548, 1997, pp. 35 et ss., ainsi que le n° 233 de la revue *Esprit* de juin 1997, intitulé « Le temps des religions sans Dieu ».

8. Claude Flipo, « Un nouveau climat spirituel », dans *Christus* n° 174, pp. 5-8.

Première partie : Traverser la parole

1. *L'Évangile selon Jean. Nouvelle traduction de Jean Grosjean,* Paris, Gallimard (NRF), 1988, pp. 11-12.
2. Sur la règle de saint Benoît, voir la belle traduction de Frédéric Debuyst dans *Saint Benoît. Un chemin de discrétion,* Publications de Saint-André, Cahiers de Clerlande n° 1, Ottignies-Louvain-la-Neuve, 1996.
3. Pierre-François de Béthune, *Par la foi et l'hospitalité,* Publications de Saint-André, Cahiers de Clerlande n° 4, Ottignies-Louvain-la-Neuve, 1997.
4. *Ibid.,* p. 88.
5. Robert Smet, dans un texte à paraître.
6. Adolphe Gesché, *Pourquoi je crois en Dieu,* Tournai, Centre diocésain de documentation, 1980, p. 17.
7. Lucien Guissard, *Le Temps d'être homme,* Paris, Flammarion (Coll. « Présence »), 1990, p. 185.
8. Éloi Leclerc, *Dieu plus grand,* Paris, Desclée de Brouwer, 1990, p. 9.
9. Georges Haldas, *Marie de Magdala,* Montrouge, Nouvelle Cité (Coll. « Regard »), 1997, p. 11.
10. Voir le dialogue, déjà cité, entre Paul Ricœur et Hans Küng.
11. Pierre-François de Béthune, *op. cit.,* p. 46.
12. Paul Ricœur et Hans Küng, *loc. cit.*
13. *Ibid.*

Deuxième partie : Traverser la laïcité

1. D'après Stéphane Renard, « Les laïques en Belgique », dans *Le Vif/L'Express*, 29 novembre 1996.
2. Henri Madelin, *Les chrétiens entrent en politique,* Paris, Cerf (Coll. « Essais »), 1975, p. 52.
3. Foulek Ringelheim et Jacques Sojcher, « Dieu serait-il laïque ? », dans *La Libre Belgique,* 27 mars 1996.
4. Jacqueline Costa-Lascoux, *Les Trois Ages de la laïcité,* Paris, Hachette (Coll. « Questions de politique »), 1996, p. 7.

5. Émile Poulat, « Comment définir la laïcité ? », dans *La Croix,* 13 septembre 1995. Voir aussi du même auteur, *Liberté, laïcité. La guerre des deux France et le principe de la modernité,* Paris, Cerf et Cujas, 1988.

6. A propos de cette évolution, on consultera avec intérêt l'ouvrage de Jean-Marie Mayeur, *La Question laïque.* XIXe-XXe *siècle,* Paris, Fayard, 1997.

7. Guy Haarscher, *La Laïcité,* Paris, Presses Universitaires de France (Coll. « Que sais-je ? »), 1996, p. 3.

8. Pierre de Locht, « Laïcité et foi », exposé à la Faculté ouverte des religions et humanismes laïques, Charleroi, 29 septembre 1997.

9. Dans « Plaidoyer pour une laïcité ouverte et lucide », un débat entre Jacques Attali et Mgr Defois, publié dans *La Croix,* 16 septembre 1996.

10. Jacqueline Costa-Lascoux, *Les Trois Ages de la laïcité, op. cit.,* pp. 17 et 19.

11. Hervé Hasquin, « Un engagement laïque », dans André Uyttebrouck et Andrée Despy-Meyer, *Les Cent Cinquante Ans de l'Université libre de Bruxelles (1834-1984),* Bruxelles, Éditions de l'ULB, 1984, p. 473.

12. Marthe Van de Meulebroecke, « Une morale laïque pour tout le monde », interview d'André Linard dans *La Cité,* 12 janvier 1995.

13. Jean Sulivan, *Dieu au-delà de Dieu,* Paris, Gallimard, NRF (Coll. « Les Essais » CXL), 1968, p. 26.

14. Maurice Merleau-Ponty, *Signes,* Paris, Gallimard (NRF), 1960, p. 96.

15. Jean Sulivan, *Dieu au-delà de Dieu, op. cit.,* p. 27.

16. Jean Mouttapa, *Dieu et la révolution du dialogue. L'ère des échanges entre les religions,* Paris, Albin Michel, 1996, p. 19.

17. Maurice Schumann dans la préface du livre d'André Prévost, *L'Utopie de Thomas More,* Paris, Mame, 1978, pp. 20-21.

18. Sur la présence d'Érasme à Louvain, voir notamment *L'Université catholique de Louvain. Vie et mémoire d'une institution* (Sous la direction d'Albert D'Haenens), Presses universitaires de Louvain / La Renaissance du Livre, Bruxelles, 1992.

19. Adolphe Gesché, « Éloge de la théologie » *op. cit.,* p. 160.

20. Jean-Marie Muller vient de publier un remarquable *Gandhi l'insurgé,* Paris, Albin Michel, 1997.

21. Jacqueline Costa-Lascoux, *Les Trois Ages de la laïcité, op. cit.*, p. 21.

22. Jean Sulivan, *Dieu au-delà de Dieu, op. cit.*, p. 169.

23. Mgr Vilnet, dans *La Documentation catholique,* n° 1951, 1987, pp. 1127-1131.

24. Jacques Stewart, « Laïcité et démocratie : une tension dialectique », conférence au colloque « Laïcité et débats d'aujourd'hui » organisé par le journal *La Croix* le 22 avril 1989, dans *La Documentation catholique,* hors-série n° 9, octobre 1997, pp. 31-33.

25. Foulek Ringelheim et Jacques Sojcher, « Dieu serait-il laïque ? », *op. cit.*

26. Michel Morineau, « Laïcité, fidélité et compromis », dans *Les Cahiers du Forum,* n° 33, juillet-septembre 1996, p. 32.

27. Guy Haarscher, *La Laïcité, op. cit.*, pp. 76-78.

28. François Reynaert et Francis Zampani, *Sur la terre comme au ciel,* Paris, Calmann-Lévy, 1990.

29. Jean Bauberot, *La Morale laïque contre l'ordre moral,* Paris, Seuil, 1997.

30. Charles Péguy, *Texte posthume,* juin 1912, cité par Henri Madelin dans « La laïcité n'est plus ce qu'elle était », dans *Les Cahiers du Forum,* n° 33, juillet-septembre 1996, p. 31.

31. Nabela Benaïssa, *Au nom de ma sœur,* Bruxelles, Labor (Coll. « La Noria »), 1997.

32. Voir Émile Poulat, « Comment définir la laïcité ? », *op. cit.*, et Jean-Marie Mayeur, *La Question laïque.* XIXe-XXe siècle, *op. cit.*

33. Jacqueline Costa-Lascoux, *Les Trois Ages de la laïcité, op. cit.*, pp. 13-14.

34. *La Revue nouvelle,* numéro spécial d'octobre 1990.

35. Guy Haarscher, *La Laïcité, op. cit.*, p. 123.

Troisième partie : Traverser le christianisme

1. Gabriel Garcia Marquez, *L'Incroyable et Triste Histoire de la candide Erendira et de sa grand-mère diabolique,* Paris, Gras-

set (Coll.. « Les Cahiers Rouges »), 1990, présenté par Rubem Alves dans *Le Mangeur de paroles,* Paris, Cerf, 1990.

2. Jean Sulivan, *Dieu au-delà de Dieu, op. cit.*, pp. 228-229.

3. Jean Delumeau a publié, entre autres, *La Peur en Occident, XIVe-XVIIIe siècles : une cité assiégée,* Paris, Fayard, 1978 ; *L'Aveu et le Pardon : les difficultés de la confession, XIIIe-XVIIIe siècles,* Fayard, 1990 ; *Une histoire du paradis,* vol. 1 et 2, Paris, Fayard, 1992 et 1995.

4. Émile Poulat, *L'Ère postchrétienne,* Paris, Flammarion, 1995, p. 192.

5. Entretien d'Émile Poulat avec Geneviève Cornet, dans *L'Écho Magazine,* 25 décembre 1997.

6. François Perin, *Franc-parler. Témoignage sur la double crise du christianisme et du rationalisme,* Ottignies, Quorum, 1996, p. 82.

7. Jean Sulivan, *Dieu au-delà de Dieu, op. cit.*, pp. 176-177.

8. Christiane Singer, *Du bon usage des crises,* Paris, Albin Michel (Coll. « Espaces libres »), 1996, p. 140.

9. Voir notamment, Michel de Certeau, *La Faiblesse de croire,* Paris, Seuil, 1987, et Michel de Certeau et Jean-Marie Domenach, *Le Christianisme éclaté,* Paris, Seuil, 1974.

10. Paul Géradin, « Quelles valeurs pour l'Église de Wallonie en l'an 2000 ? », dans *Subjectif,* Lettre de la JEC-SUP, numéro spécial, juillet 1997, p. 19.

11. Éloi Leclerc, *Dieu plus grand,* Paris, Desclée de Brouwer, 1990, p. 8.

12. Cité par Marc Maesschalck, « Un nouveau rôle pour l'Église dans la société », dans *Les Affaires de l'Église, de Léonard à Gaillot,* Bruxelles, Éditions Vie Ouvrière et Subjectif, 1995, p. 129.

13. Paul Ricœur, *Temps et récit II. La configuration du temps dans le récit de fiction,* Paris, Seuil (Coll. « L'ordre philosophique »), 1984, p. 48.

14. Jean Grosjean, « Cheminements et détours », interview par Raphaële Fulchiron dans *Le Sacrement de l'instant, Question de* n° 80, Paris, Albin Michel, 1990, p. 91.

15. Pour toute cette réflexion sur les coupures dans les histoires d'amour, voir Yves Prigent, *L'Existence amoureuse. La passion et*

la durée, Paris, Desclée de Brouwer (Coll. « Connivence »), 1990, pp. 73. et ss.

16. Traduction d'André Chouraqui.

17. Yves Prigent, *L'Existence amoureuse, op. cit.,* p. 77.

18. *Ibid.,* p. 92.

19. Jean Grosjean, *Les Beaux Jours,* Paris, Gallimard (NRF), 1980, pp. 14-16.

20. Bernard Feillet interroge Jean Sulivan dans *Jean Sulivan. L'instant l'éternité,* Paris, Centurion (Coll. « Les interviews »), 1978, p. 61.

21. *Ibid.,* p. 63.

22. De Marcel Jousse on retiendra surtout *L'Anthropologie du geste,* 2e édition, Paris, Gallimard (Coll. « Voies ouvertes »), 1974 ; *La Manducation de la parole,* même éditeur, même collection, 1975, et *Le Parlant, la Parole et le Souffle, ibid.,* 1978. Comme introduction à l'auteur, on consultera la remarquable biographie de Gabrielle Baron, *Mémoire vivante. Vie et œuvre de Marcel Jousse,* Paris, Le Centurion, 1981.

23. François Perin, *Franc-parler, op. cit.,* p. 32.

24. Jean Grosjean, *Araméennes,* Paris, Cerf (Coll. « Parole présente »), 1988, p. 102.

25. Selon la belle traduction de Gérard et Marie Sévérin dans *Le Christ en direct. Les quatre Évangiles,* Paris, Les Éditions Ouvrières (Coll. « Origines »), 1987, p. 513.

26. Adolphe Gesché, *Pourquoi je crois en Dieu, op. cit.,* pp. 12-13.

27. Jean Grosjean, *Araméennes, op. cit.,* p. 154.

28. Jean-Claude Renard, *Le Lieu du voyageur. Notes sur le Mystère,* Paris, Seuil, 1980, p. 111.

29. Cité par Adolphe Gesché dans *Pourquoi je crois en Dieu, op. cit.,* p. 30.

30. Sylvie Germain, *Les Échos du silence,* Paris, Desclée de Brouwer (Coll. « Littérature ouverte »), 1996, pp. 37 et ss.

31. Jean Debruynne, *L'Évangile du poète,* entretien avec Bertrand Révillon, Paris, Centurion (Coll. « Les interviews »), 1990, p. 212.

32. Christian Bobin, *L'Homme qui marche,* Cognac, Le temps qu'il fait, 1995, pp. 11-12.

33. Jacques Pohier, lors d'une conférence à Liège en 1988. Dans le même esprit, Jacques Pohier a publié *Quand je dis Dieu,* Paris, Seuil, 1977, et *Dieu fracture,* Paris, Seuil, 1985.
34. David Flusser, *Jésus,* Paris, Seuil, 1970.
35. Charles Péguy, *Gethsémani,* texte présenté par Jean Bastiaire, Paris, Desclée de Brouwer (Coll. « Les Carnets »), 1992, pp. 87 et ss.
36. La réflexion sur les « trois honnêtetés » est largement redevable à Paul Géradin dans « Quelles valeurs pour l'Église de Wallonie en l'an 2000 ? », *op. cit.*, pp. 22-23.
37. Jean-Claude Renard, *Le Lieu du voyageur, op. cit.*, p. 129.
38. Jean Grosjean, *Araméennes, op. cit.*, pp. 113-114.
39. Dans la préface du livre de Marie Vidal, *Un Juif nommé Jésus. Une lecture de l'Évangile à la lumière de la Torah,* Paris, Albin Michel, 1996, p. 18.
40. Jean-Claude Renard, *Le Lieu du voyageur, op. cit.*, p. 110.
41. Christian Duquoc, *Jésus, homme libre,* Paris, Cerf, 1973, p. 130.
42. Emmanuel Levinas, *Totalité et infini : essai sur l'intériorité,* Den Haag, Nijhoff (Coll. « Phaenomenologia » n° 08), 1961, p. 173.
43. Sur cette relation-opposition entre Athènes et Jérusalem, voir le beau roman de Jean Sulivan, *L'Obsession de Delphes,* Paris, Gallimard, 1967.
44. Témoignage de Gilbert Delahaye, « Les couleurs de la vie », dans *La Croix*, 2 décembre 1994.
45. Guy Haarscher, *Le Fantôme de la liberté. La servitude volontaire de l'homme moderne,* Bruxelles, Labor (Coll. « Quartier libre »), 1997, p. 85.
46. Albert Bastenier, « Les figures historiques du christianisme », dans *La Revue nouvelle,* n° 10, Tome CII, octobre 1995, pp. 121-122.
47. Jean Sulivan, *Dieu au-delà de Dieu, op. cit.*, pp. 19-20.
48. Gabriel Marc, « Sortir des malentendus », dans *Les Cahiers du Forum,* n° 33, juillet-septembre 1996, pp. 6-7.
49. Liliane Voyé, « Les étudiants de l'UCL », dans *Louvain,* n° 51, septembre 1994, pp. 41 et ss.
50. Évoqué par Jean-Paul Guetny dans *L'Actualité religieuse dans le monde,* n° 127, 15 novembre 1994.

51. Sur ce sujet, on consultera avec intérêt Patrick Michel, *Politique et religion. La grande mutation,* Paris, Albin Michel (Coll. « Idées »), 1994.

52. Jacques Neirynck, *Le Manuscrit du Saint Sépulcre,* Paris, Cerf, 1994.

53. Jean Sulivan, *Matinales. Itinéraire spirituel,* Paris, Gallimard (Coll. « Voies ouvertes »), 1976, p. 335.

54. Bernard Feillet, *L'Errance,* Paris, Desclée de Brouwer, 1997.

55. Jean Mouttapa, *Dieu et la révolution du dialogue, op. cit.,* p. 114.

56. Christiane Singer, *Du bon usage des crises, op. cit.,* p. 115.

57. Jean Sulivan, *Dieu au-delà de Dieu, op. cit.,* p. 224.

58. Jean Sulivan, *Matinales, op. cit.,* p. 325.

59. Olivier Clément, *Rome autrement. Un orthodoxe face à la papauté,* Paris, Desclée de Brouwer, 1997, p. 124.

60. Jean Sulivan, *Matinales, op. cit.,* pp. 321 et 323.

61. Patrick Jacquemont, Jean-Pierre Jossua et Bernard Quelquejeu, *Le Temps de la patience. Étude sur le témoignage,* Paris, Cerf, 1976.

62. Claude Vigée, *Dans le silence de l'Aleph,* Paris, Albin Michel (Coll. « Spiritualités vivantes »), 1992.

63. Lucien Guissard, *Les Chemins de la nuit,* Paris, Le Centurion, 1985.

64. Marc-Alain Ouaknin, *Tsimtsoum. Introduction à la méditation hébraïque,* Paris, Albin Michel (Coll. « Spiritualités vivantes »), 1992.

65. Olivier Clément, *La Révolte de l'Esprit,* Paris, Stock, 1979, p. 26.

66. André Comte-Sponville, « L'exigence de la sagesse », dans *Les Affaires de l'Église. De Léonard à Gaillot, op. cit.,* pp. 146 et ss.

Quatrième partie : Traverser la mer Rouge

1. Cité par Jean Mouttapa dans *Dieu et la révolution du dialogue, op. cit.,* notamment p. 206

2. Jean-Claude Renard, *Le Lieu du voyageur, op. cit.*, p. 83
3. Jacques Vigne, « Nous avons vu son étoile en Orient », dans *Initiation* n° 9, hiver 1992, p. 20.
4. Jean Grosjean, *Les Versets de la sagesse,* Paris, Philippe Lebaud (Coll. « Les intemporels »), 1996, p. 29.
5. Évoqué par Léonard Appel, dans *Initiations, op. cit.*, p. 4.
6. Olivier Clément, *Rome autrement, op. cit.*, p. 114.
7. Jérôme Vignon, « La démocratie-chrétienne et l'Europe », dans *Études,* tome 385, n° 1-2 (3851 et 3852), juillet-août 1996, pp. 7-16.
8. Xavière Remacle, *Comprendre la culture musulmane,* Bruxelles, Éditions Vie Ouvrière, et Lyon, Chronique sociale, 1997. Voir aussi Frédéric Antoine, « L'Occident accouchera d'un nouvel islam », dans *L'Appel,* mars 1998, p. 8.
9. Parmi d'autres livres où Mohamed Arkoun aborde le sujet, voir *Ouvertures sur l'islam,* Paris, Grancher, 2e éd., 1992.
10. Paul Ricœur dans une interview au *Monde* du 10 juin 1994.
11. A ce sujet, on consultera avec intérêt l'excellent document de l'association pluraliste et pluriculturelle *Espace arabesque,* coordonné par Rosin Lewin et intitulé *Pour ou contre un cours d'histoire des religions ?,* Bruxelles, Sabir, 1996.
12. Daniel Sibony interviewé dans la revue *Regard* n° 251, mai 1990.
13. *Espace arabesque, op. cit.*, p. 38.
14. Pierre Moscovici interviewé par David Coppi dans *Socialisme,* n° 6, juin 1996, pp. 24-26.
15. Je me suis permis de réduire et d'un peu réécrire cette tradition juive, anonyme, rapportée par Henri Gougaud dans *L'Arbre à trésors,* Paris, Seuil (Coll. « Points »), 1987.
16. Luc Ferry, *L'Homme-Dieu ou le sens de la vie,* Paris, Grasset, 1996.
17. Jean-Claude Renard, *Le Lieu du voyageur, op. cit.*, p. 91.
18. Maurice Deleforge, « L'âme du canon », dans *La Croix,* 25 mai 1991.
19. Autour des propos prêtés à Malraux sur « Le siècle prochain… », voir son article « L'homme et le fantôme » dans *L'Express* du 21 mai 1955, ainsi que « Malraux nous dit » dans le périodique *Preuve,* n° 49 de mai 1955, p. 15. Ces textes et d'autres sont

commentés par François Perin dans *Franc-parler, op. cit.*, pp. 173 et ss.

20. Évoqué par Christian Bobin dans *La Merveille et l'Obscur,* entretiens avec Charles Juliet, Nelly Bouveret et Judith Brouste, Vénissieux, Parole d'Aube, 1993, p. 34.

21. Michel Billon, *L'Imitation de Jésus-Christ,* nouvelle traduction, Paris, Desclée de Brouwer, 1979.

22. Cité par Jean Mouttapa dans *Dieu et la révolution du dialogue, op. cit.*, p. 202.

23. Maurice Zundel, *Croyez-vous en l'homme ?,* Paris, Cerf (Coll. « Foi Vivante » n° 288), 1992, pp. 32 et 87.

24. Milan Kundera, *Les Testaments trahis,* Paris, Gallimard, 1993.

25. Hubert Thomas, « La littérature et le spirituel », dans *Indications,* Bruxelles, Jeunesse présente, mars 1991.

26. Jean-Claude Bologne, *Le Mysticisme athée,* Monaco, Éditions du Rocher, 1995, p. 122.

27. François Perin, *Franc-parler, op. cit.*, p. 175. Voir aussi « Des fondements de la morale laïque », dans *Socialisme* n° 6, juin 1996, pp. 6-7.

28. Jean-Claude Bologne, *Le Mysticisme athée, op. cit.*, p. 62.

29. Philippe Bacq a raconté cette anecdote dans *Crefot-Recherches,* n° 65, juin 1997, pp. 16-19.

Épilogue : La tartaruga

1. André Comte-Sponville et Luc Ferry, *La Sagesse des Modernes. Dix questions pour notre temps,* Paris, Robert Laffont, 1998, p. 263.

2. Georges Haldas, « Le plein et le creux », dans *Rencontres avec Jean Sulivan,* n° 7, 1993, pp. 85-86.

3. Roland Barthes, *Leçon,* Paris, Seuil, 1978, pp. 115-116.

L'auteur remercie toutes celles et ceux qui l'ont encouragé à élaborer ce livre, qui l'ont accompagné et lui ont fait part de leurs suggestions. Sa gratitude s'adresse en particulier à Nicole Cleuren pour son travail de recherche et sa relecture attentive du manuscrit

TABLE

DU MÊME AUTEUR

Le mythe au milieu du village – Comprendre et analyser la presse locale, Bruxelles, éd. Vie Ouvrière, 1981.

Dieu et les journalistes (sous la direction de), Paris, Desclée de Brouwer, 1982.

La puce et les lions – Le journalisme littéraire (en collaboration avec Lucien Guissard), éd. Universitaires, Paris, et De Boeck, Bruxelles, 1988.

Les vivants et leurs morts (en collaboration), Bruxelles, éd. du Crédit Communal, 1989.

Le guide des médias (direction d'une encyclopédie en 4 volumes), Bruxelles, Kluwer, 1989.

La peur, la mort et les médias (sous la direction de Marc Lits), Bruxelles, Vie Ouvrière, 1994.

Dialogue et liberté dans l'Église (en collaboration avec Jacques Gaillot), Paris, Desclée de Brouwer, et Liège, L'Appel, 1995.

Écrire au quotidien. Pratiques du journalisme (en collaboration avec Fr. Antoine, J. F. Dumont, B. Grevisse et Ph. Marion), Bruxelles, Vie Ouvrière, 1996.

Un peu de mort sur le visage. La traversée d'une femme, Paris, Desclée de Brouwer, 1997.

La Résistance intérieure (Coll. L'intégrale des entretiens de « Noms de dieux » d'Edmond Blattchen), RTBF Liège et Alice éditions, Bruxelles, 1998.

Éloge de la fragilité, nouvelle édition revue et augmentée, Paris, Desclée de Brouwer, et Paris, Racines, 2000.

Une aventure universitaire, (ouvrage collectif, sous la direction de), Bruxelles, éditions Racine, 2000.

La presse écrite en Belgique (en collaboration avec J.F. Dumont et B. Grevisse), seconde édition, Bruxelles, Kluwer, 2002.

Ces chers disparus – Essai sur les annonces nécrologiques dans la presse francophone, Paris, Albin Michel, 1992, et nouvelle édition « Poche » augmentée d'une lecture de Jean-Claude Bologne, Bruxelles, Labor, 2002.

Ma part de gravité. Vers une spiritualité de l'actualité, Paris, Albin Michel, 2002.

EXTRAITS DU CATALOGUE

Spiritualités vivantes / Poche

48. *Le Désert intérieur,* de Marie-Madeleine Davy.
61. *L'Évangile de Thomas,* traduit et commenté par Jean-Yves Leloup.
65. *La Sagesse du désert, aphorismes des Pères du désert,* de Thomas Merton.
76. *L'Évangile de Jean,* traduit et commenté par Jean-Yves Leloup.
79. *Le Livre des Œuvres divines,* de Hildegarde de Bingen.
82. *La Paix monastique,* de Thomas Merton.
86. *Écrits sur l'hésychasme,* de Jean-Yves Leloup.
91. *Écrits,* du père Henri Le Saux, choisis et présentés par Marie-Madeleine Davy.
94. *Paroles du Mont Athos,* de Jean-Yves Leloup.
102. *Les Collations de Jean Cassien ou l'unité des sources,* textes choisis et présentés par Jean-Yves Leloup.
103. *Praxis et Gnosis, textes d'Évagre le Pontique,* choisis et présentés par Jean-Yves Leloup.
112. *Vie de Moïse, de Grégoire de Nysse, ou l'Être de désir,* présentée par Jean-Yves Leloup.
113. *Homélies de Jean Chrysostome sur l'incompréhensibilité de Dieu,* présentées par Jean-Yves Leloup.
117. *Œuvres,* de saint François d'Assise, traduites et présentées par Alexandre Masseron.
122. *Prière de Jésus, prière du cœur,* de Rachel et Alphonse Goettmann.
124. *Le Pèlerin chérubinique,* d'Angelus Silesius, traduit et présenté par Camille Jordens.
147. *Le Miroir des âmes simples et anéanties,* de Marguerite Porete.
156. *L'Étincelle de l'âme, Sermons I à XXX,* de Maître Eckhart, traduits et présentés par Gwendoline Jarczyk et Pierre-Jean Labarrière.
161. *L'Imitation de Jésus-Christ,* traduit par Pierre Corneille.
162. *Dieu au-delà de Dieu, Sermons XXXI à LX,* de Maître Eckhart, traduits et présentés par Gwendoline Jarczyk et Pierre-Jean Labarrière.
168. *Job sur le chemin de la Lumière*, d'Annick de Souzenelle.
170. *Guérir du malheur*, de Lytta Basset.
171. *Le Pouvoir de pardonner*, de Lytta Basset.
176. *Et ce néant était Dieu... Sermons LXI à XC*, de Maître Eckhart, traduits et présentés par Gwendoline Jarczyk et Pierre-Jean Labarrière.
177. *L'Évangile de Marie*, de Jean-Yves Leloup.
178. *Le Féminin de l'Être. Pour en finir avec la côte d'Adam*, d'Annick de Souzenelle.

181. *Bernard de Clairvaux*, de Marie-Madeleine Davy.
183. *Les Psaumes*, traduits et présentés par Patrick Calame et Franck Lalou.
189. *Dietrich Bonhoeffer. Résistant et prophète d'un christianisme non religieux*, d'Arnaud Corbic.

Espaces libres

21. *Teilhard de Chardin et le mystère de la Terre*, de Jean Onimus.
28. *Marie-Madeleine, un amour infini*, de Jacqueline Kelen.
44. *La Nuit privée d'étoiles*, de Thomas Merton.
60. *Confiteor. De la contestation à la sérénité*, de Bernard Besret.
62. *La Place de l'homme dans la nature*, de Pierre de Teilhard de Chardin. Présentation de Jean Onimus.
64. *Accroche ta vie à une étoile*, de Stan Rougier. Entretiens avec Jean-Pierre et Rachel Cartier.
67. *J'attends Quelqu'un*, de Xavier Emmanuelli.
74. *L'Égypte intérieure ou les dix plaies de l'âme*, d'Annick de Souzenelle.
75. *L'Au-delà au fond de nous-mêmes*, d'Alphonse et Rachel Goettmann.
79. *La Parole au cœur du corps*, d'Annick de Souzenelle. Entretiens avec Jean Mouttapa.
80. *Henri Le Saux, le passeur entre deux rives*, de Marie-Madeleine Davy.
81. *La Petite Sainte Thérèse*, de Maxence Van der Meersch.
83. *À l'écoute du cœur*, du Cardinal Martini.
88. *Nous avons tant de choses à nous dire*, de Rachid Benzine et Christian Delorme.
96. *Dernier avis avant la fin du monde*, de Xavier Emmanuelli.
99. *Un Juif nommé Jésus*, de Marie Vidal.
104. *Cent prières possibles*, d'André Dumas. Préface d'Olivier Abel.
113. *L'Absurde et la Grâce*, de Jean-Yves Leloup.
125. *Le Curé de Nazareth. Émile Shoufani, Arabe israélien, homme de parole en Galilée*, d'Hubert Prolongeau.
126. *L'Évangile d'un libre penseur. Dieu serait-il laïque ?*, de Gabriel Ringlet.

Albin Michel Spiritualités / grand format

« Moi, je ne juge personne ! » L'Évangile au-delà de la morale, de Lytta Basset.
Fonctionnaires de Dieu, d'Eugen Drewermann.
La Vie de saint François d'Assise, de Omer Englebert.
Prêtre au Cambodge. François Ponchaud, l'homme qui révéla au monde le génocide, de Benoît Fidelin.
Jésus, le Maître intérieur, de Laurence Freeman, préfacé par le Dalaï-Lama.
Le Désir et la tendresse. Pour une éthique chrétienne de la sexualité, d'Éric Fuchs.
Les Traités, le Poème, de Maître Eckhart, traduits et présentés par Gwendoline Jarczyk et Pierre-Jean Labarrière.

Maître Eckhart ou l'empreinte du désert, de Gwendoline Jarczyk et Pierre-Jean Labarrière.
Le Grand Livre du Cantique des cantiques, de Frank Lalou et Patrick Calame.
Jésus rendu aux siens. Enquête en Israël sur une énigme de vingt siècles, de Salomon Malka.
Dieu et la révolution du dialogue. L'ère des échanges entre les religions, de Jean Mouttapa.
Éloge du simple. Le moine comme archétype universel, de Raimon Panikkar.
Le Curé de Nazareth. Émile Shoufani, Arabe israélien, homme de parole en Galilée, d'Hubert Prolongeau.
L'Évangile d'un libre penseur. Dieu serait-il laïque ?, de Gabriel Ringlet
Humanisme et mystique, d'Albert Schweitzer, textes choisis et présentés par Jean-Paul Sorg.
Alliance de Feu. Une lecture chrétienne du texte hébreu de la Genèse, Tome I, d'Annick de Souzenelle.
Alliance de Feu. Une lecture chrétienne du texte hébreu de la Genèse, Tome II, d'Annick de Souzenelle.
La Lettre, chemin de vie, d'Annick de Souzenelle.
Résonances bibliques, d'Annick de Souzenelle.
Les deux visages de Dieu. Une lecture agnostique du Credo, de Michel Théron.

Hors collection

De l'amour des ennemis et autres méditations sur la guerre et la politique, d'Olivier Abel.
Quand le pape demande pardon, de Luigi Accattoli.
La Résistance spitituelle 1941-1944. Les cahiers clandestins du Témoignage chrétien. Textes présentés par François et Renée Bédarida.
Le Bon Pape Jean. Jean XXIII, la biographie, de Mario Benigni et Goffredo Zanchi.
Manifeste pour une Renaissance, de Bernard Besret.
Celle qui gardait toute chose en son cœur, de Roger Bichelberger.
Dieu en toute liberté, d'Eugen Drewermann.
La Fleur des saints, d'Omer Englebert.
Profession théologien. Quelle pensée chrétienne pour le XXIe siècle ?, de Claude Geffré.
Invitation à la sérénité du cœur, d'Anselm Grün.
Petite méditation sur les fêtes de Noël, d'Anselm Grün.
L'Autre Messie. L'extraordinaire révélation des manuscrits de la mer Morte, d'Israël Knohl.
Le Testament de saint Luc, de Thierry Leroy.
Le Baptiseur, de Thierry Leroy.
Ma part de gravité. Un itinéraire entre Évangile et actualité, de Gabriel Ringlet.
Voyage en Galilée, d'Émile Shoufani. Photographies Hanan Isachar.
Les Dix Commandements, Joseph Sitruk, Jean-Charles Thomas et Dalil Boubakeur.
Il n'y a pas d'avenir sans pardon, de Desmond Tutu.
Le Juif Jésus et le Shabbat, de Marie Vidal.

Célébrations

Célébration de la Pauvreté, regards sur François d'Assise, de Xavier Emmanuelli et Michel Feuillet.
Célébration de la Paternité, de Sylvie Germain et Éliane Gondinet.
Célébration de la Rencontre, de Frédérique Hébrard et Paule Amblard.
Célébration de la Mère, regards sur Marie, de Colette Nys-Mazure et Éliane Gondinet-Wallstein.
Célébration de la Lumière, d'Émile Shoufani et Christine Pellistrandi.
Célébration de l'Offrande, de Michel Tournier et Christian Jamet.

Les Carnets du calligraphe

L'Évangile de Thomas, traduit par Jean-Yves Leloup, calligraphies de Frank Lalou.
Le Cantique des créatures, de saint François d'Assise, calligraphies de Frank Missant

« *Espaces libres* »
au format de poche

DERNIERS TITRES PARUS

80. *Henri Le Saux, le passeur entre deux rives,* de M.-M. DAVY.
81. *La petite Sainte Thérèse,* de M. VAN DER MEERSCH.
82. *Sectes, Églises et religions, éléments pour un discernement spirituel,* de J.-Y. LELOUP.
83. *À l'écoute du cœur,* de Mgr MARTINI.
84. *L'Oiseau et sa symbolique,* de M.-M. DAVY.
85. *Marcher, méditer,* de M. JOURDAN et J. VIGNE.
86. *Le Livre du sourire,* de C. de BARTILLAT.
87. *Le Couple intérieur,* ouvrage collectif sous la dir. de P. SALOMON.
88. *Nous avons tant de choses à nous dire,* de R. BENZINE et C. DELORME.
89. *Tous les matins de l'amour,* de J. SALOMÉ.
90. *L'Orient intérieur,* ouvrage collectif sous la direction de M. DE SMEDT.
91. *Les Évangiles des quenouilles,* traduits et présentés par J. LACARRIÈRE.
92. *Les Mémoires de l'oubli,* de J. SALOMÉ et S. GALLAND.
93. *Qu'est-ce qu'une religion ?,* d'O. VALLET.
94. *Science et croyances,* de A. JACQUARD et J. LACARRIÈRE.
95. *Nicolas Berdiaev, ou la révolution de l'Esprit,* de M.-M. DAVY.
96. *Dernier avis avant la fin du monde* de X. EMMANUELLI.
97. *Jésus et Bouddha,* d'O. VALLET.
98. *D'un millénaire à l'autre. La grande mutation,* collectif dir. par F. L'YVONNET.
99. *Un Juif nommé Jésus,* de M. VIDAL.
100. *Le Cercle sacré. Mémoires d'un homme-médecine sioux,* d'A. FIRE LAME DEER.
101. *Être à deux ou les traversées du couple,* collectif dir. par N. CALMÉ.
102. *La Source du bonheur*, de C. BOIRON.
103. *Une passion*, de C. SINGER.
104. *Cent prières possibles*, d'A. DUMAS.
105. *L'Art de vivre au présent,* collectif dir. par É. LE NOUVEL.
106. *Manque et Plénitude,* de J.-Y. LELOUP.
107. *Le Cercle de Vie. Initiation chamanique d'une psychothérapeute,* de M. SÉJOURNANT.
108. *Le Théâtre de la guérison,* d'A. JODOROWSKY.
109. *Histoire d'âme,* de C. SINGER.

110. *L'Âme de la nature,* de R. SHELDRAKE.
111. *Au nom de la vérité, Algérie 1954-1962,* de Mgr L. E. DUVAL.
112. *L'Art du kôan zen,* de T. JYOJI (Inédit).
113. *L'Absurde et la Grâce,* de J. Y. LELOUP.
114. *Le Palais des arcs-en-ciel,* de T. TCHEUDRAK.
115. *Éloge du bon sens,* de M. de SMEDT.
116. *En chemin avec Bouddha,* d'O. GERMAIN-THOMAS.
117. *Pour comprendre l'intégrisme islamiste,* de M. GOZLAN.
118. *Le Rêve de Confucius,* de J. LEVI.
119. *Un art de l'attention,* de J. Y. LELOUP.
120. *Religions en dialogue,* de J. MOUTTAPA.
121. *Le Courage de se libérer,* de P. et P. FENNER.
122. *Histoire des Dalaï-Lamas,* de R. BARRAUX.
123. *Du Sahara aux Cévennes,* de P. RABHI.
124. *Aux sources du zen,* d'A. LOW.
125. *Le Curé de Nazareth,* d'H. PROLONGEAU.
126. *L'Évangile d'un libre penseur,* de G. RINGLET.

La reproduction photomécanique de ce livre
*a été réalisée par l'***Imprimerie Bussière,**
l'impression et le brochage ont été effectués
sur presse Cameron
par **Bussière Camedan Imprimeries**
à Saint-Amand-Montrond (Cher),
pour le compte des Éditions Albin Michel.

Achevé d'imprimer en octobre 2002.
N° d'édition : 21210. N° d'impression : 024569/1.
Dépôt légal : septembre 2002.
Imprimé en France